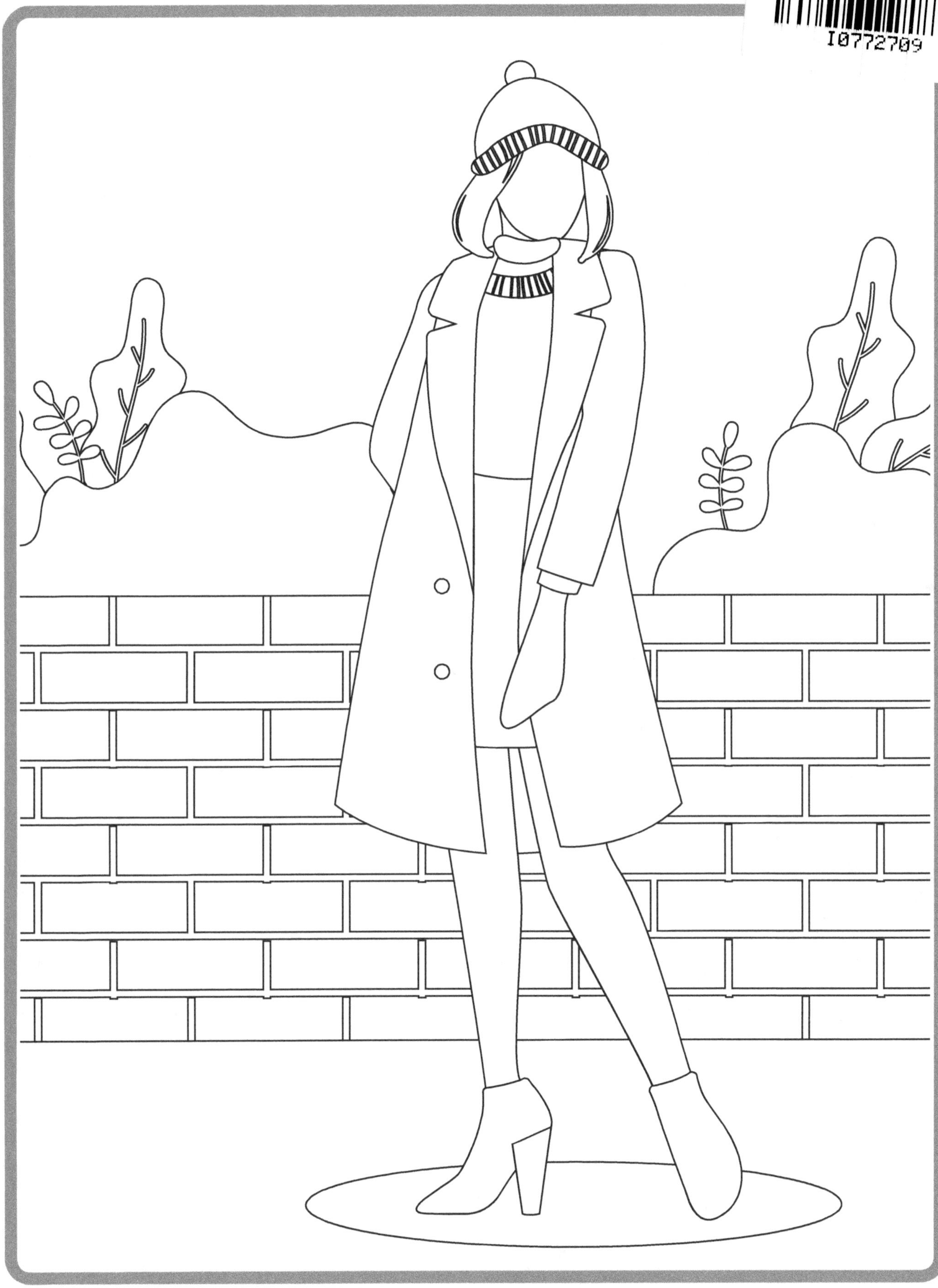

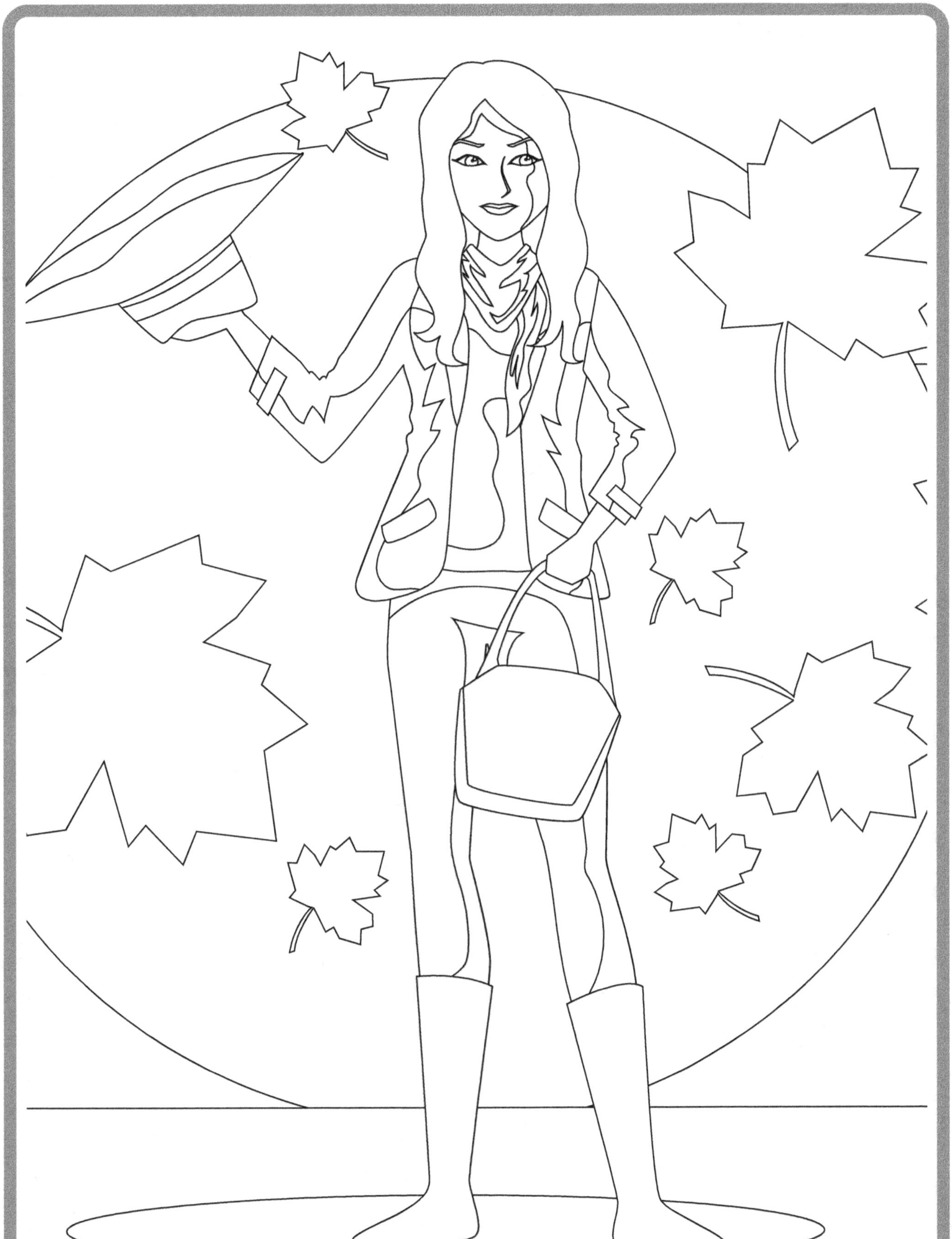

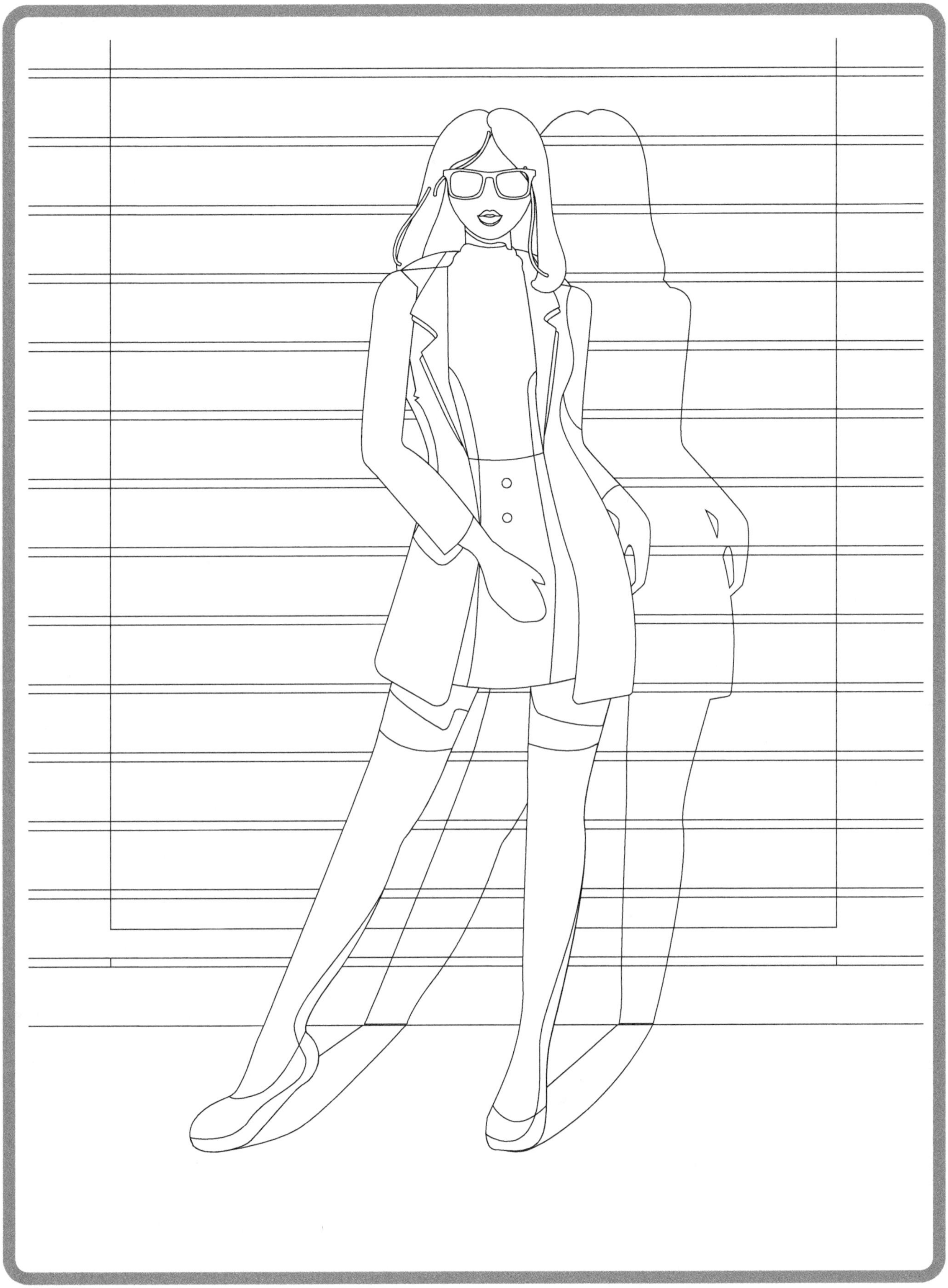

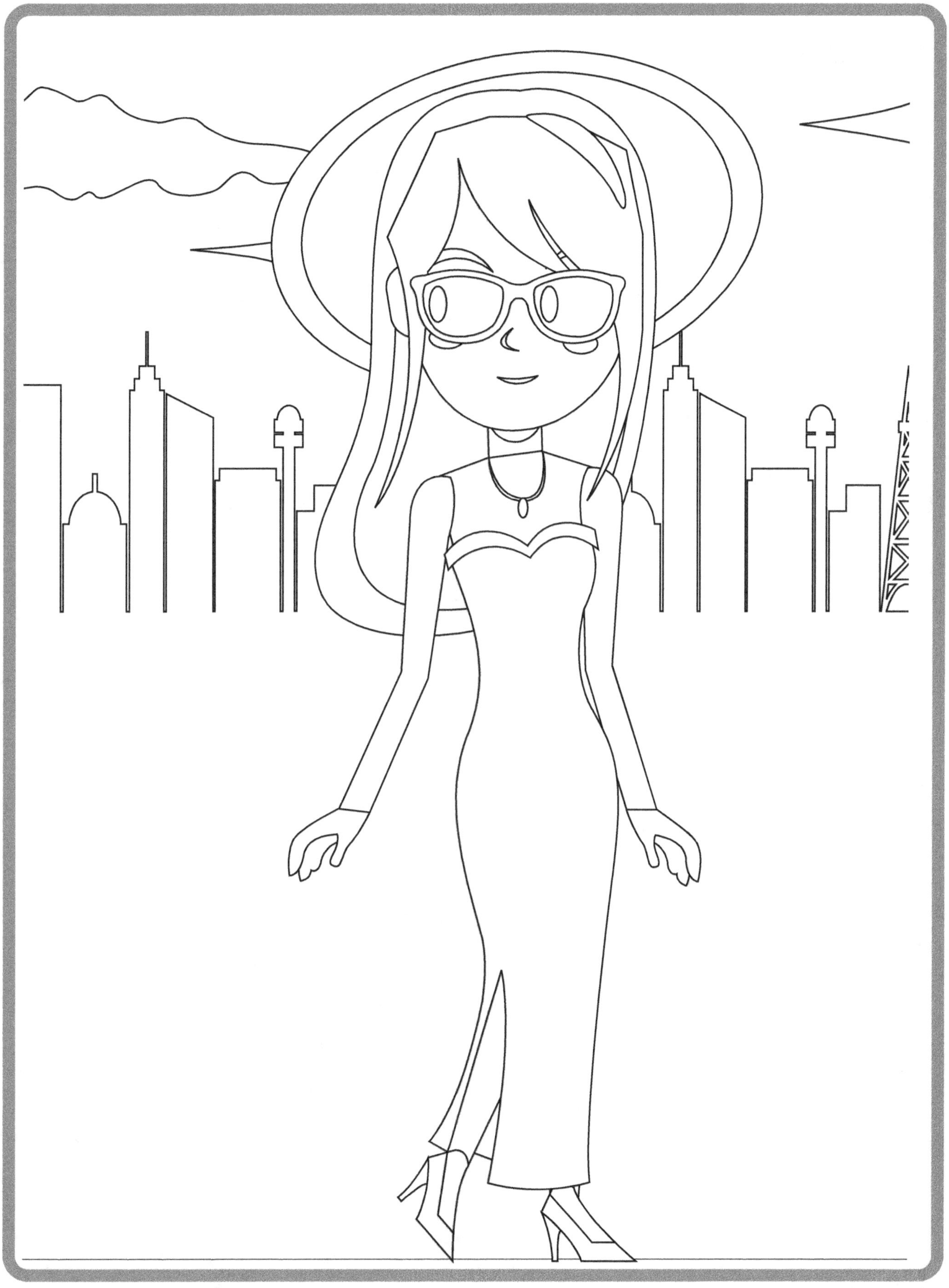

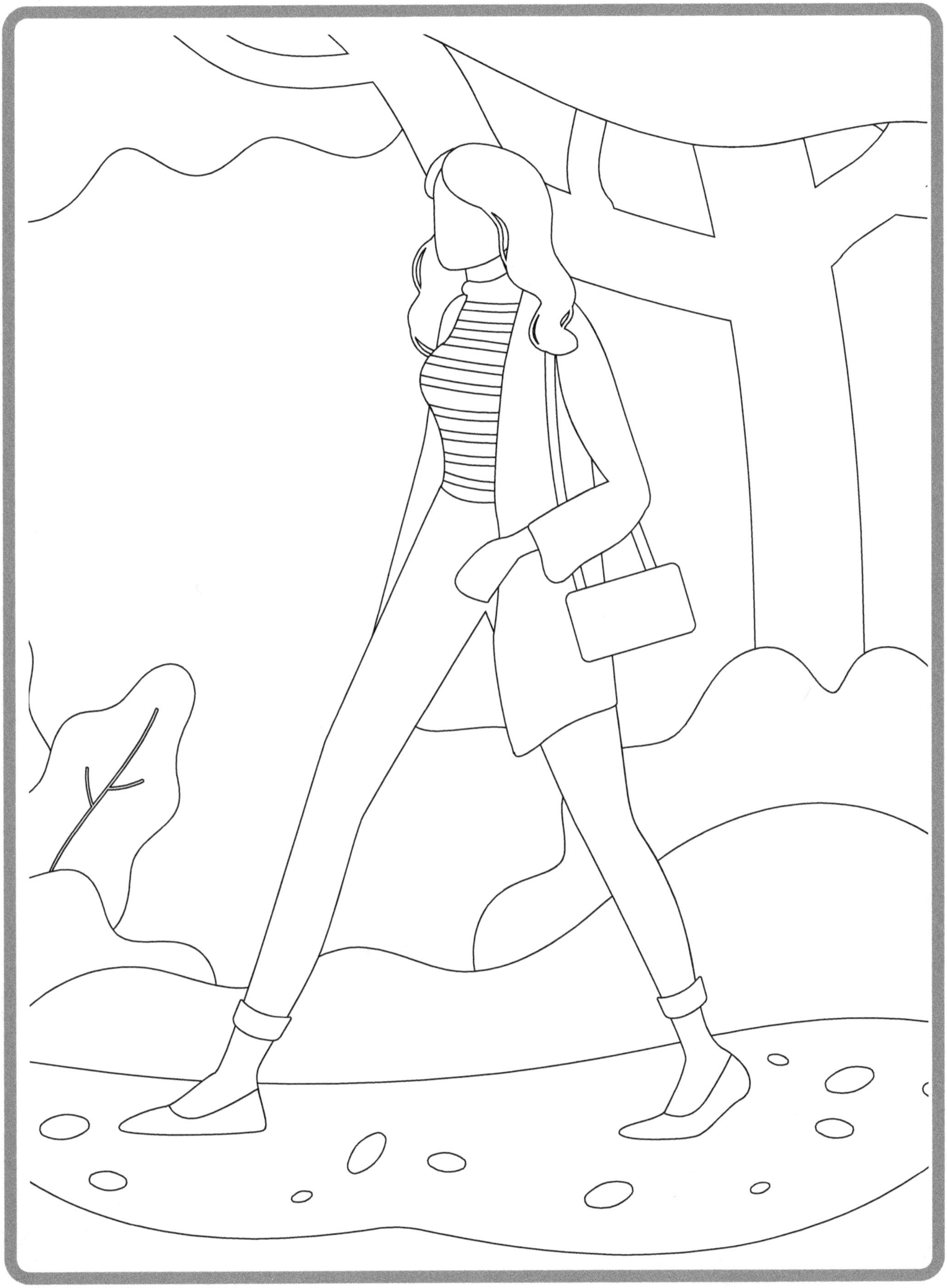

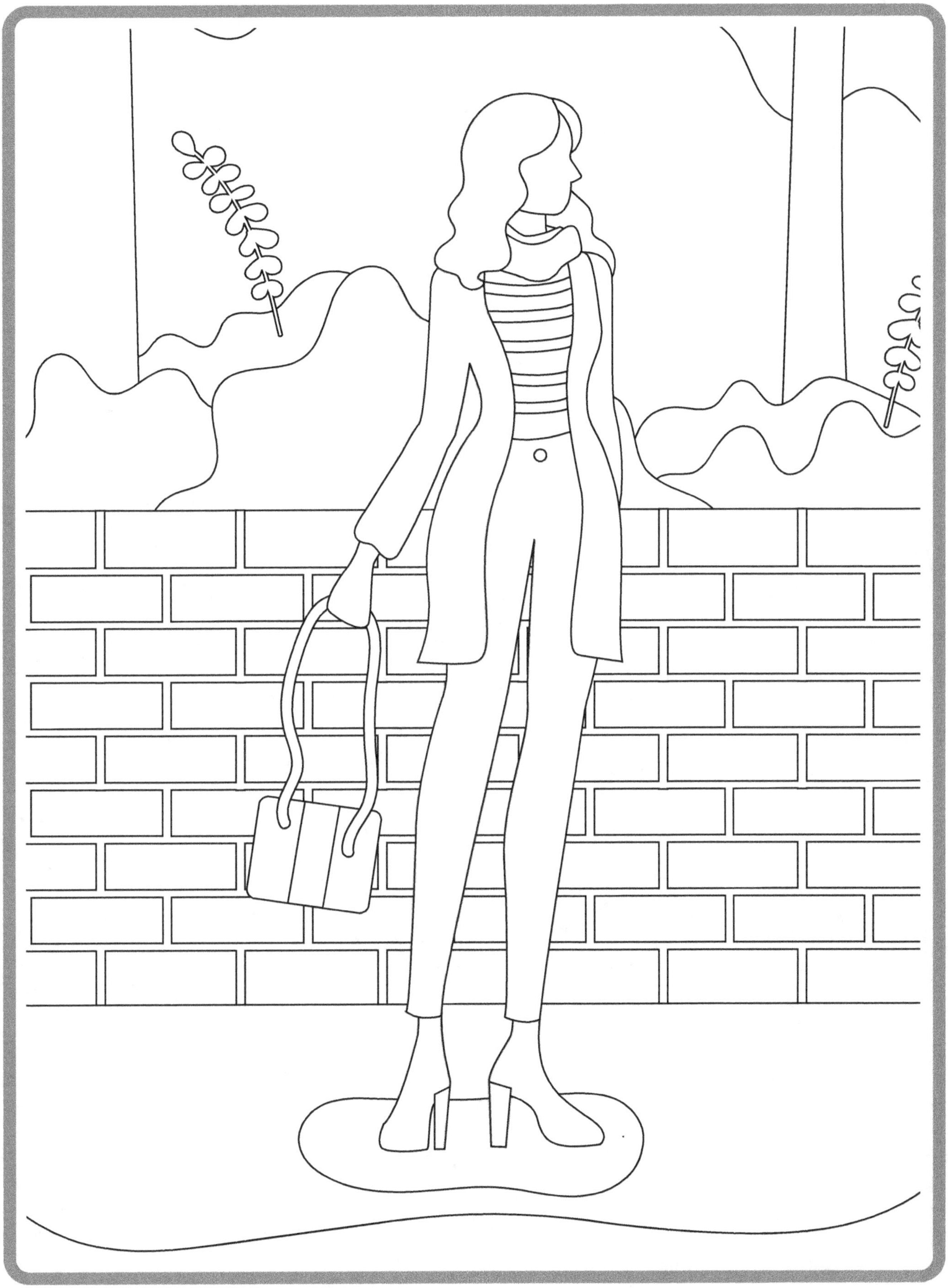

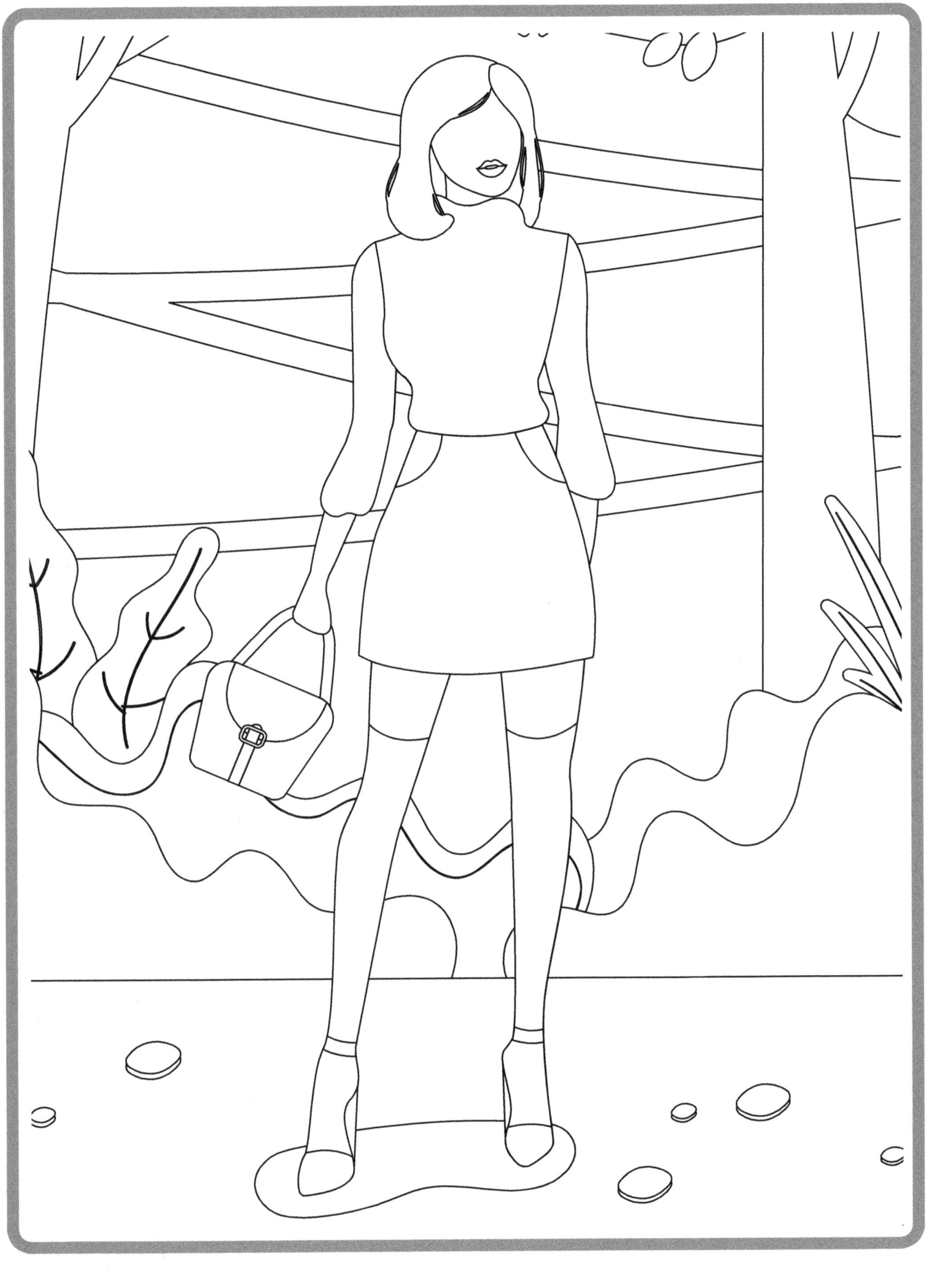

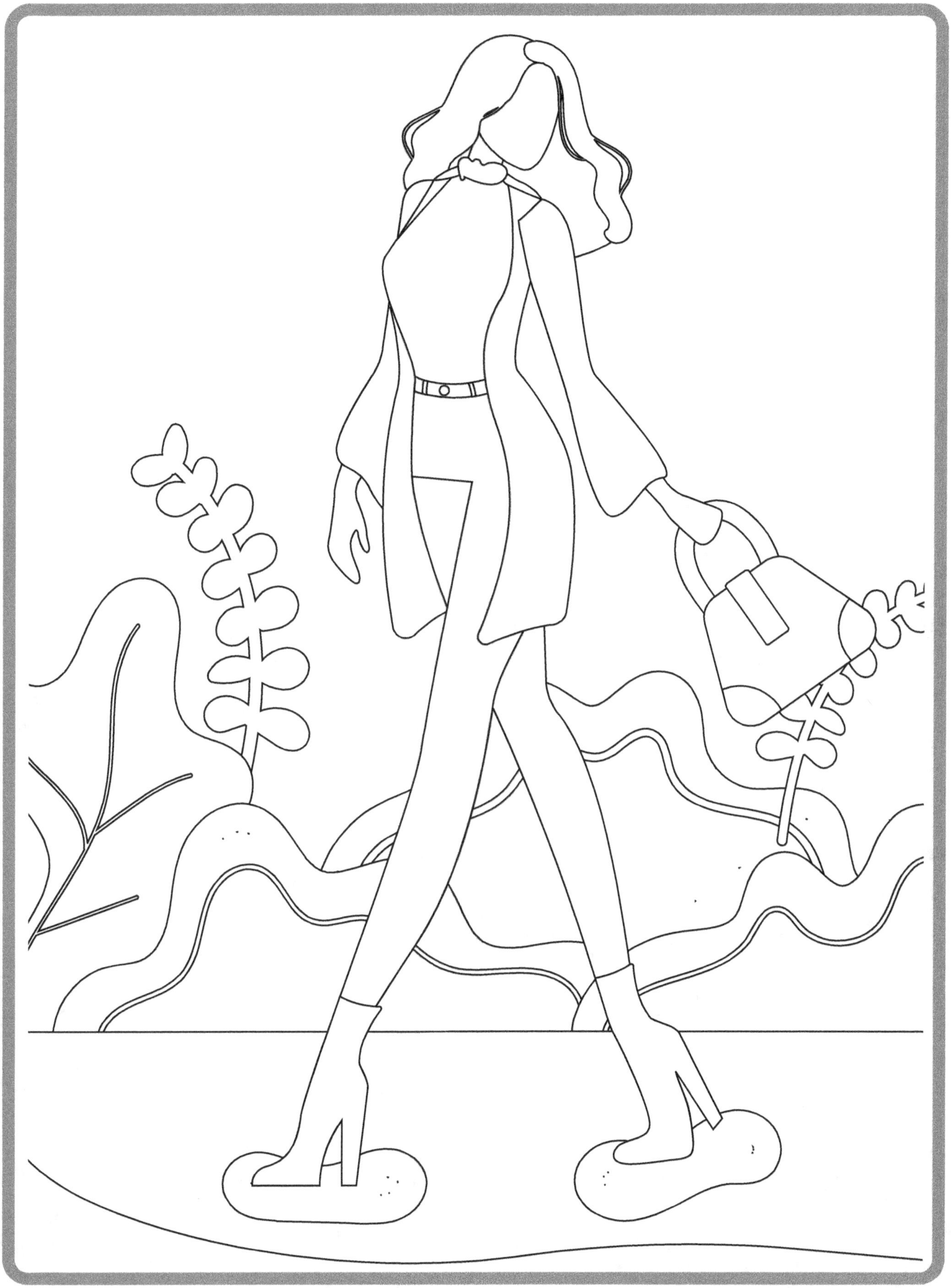

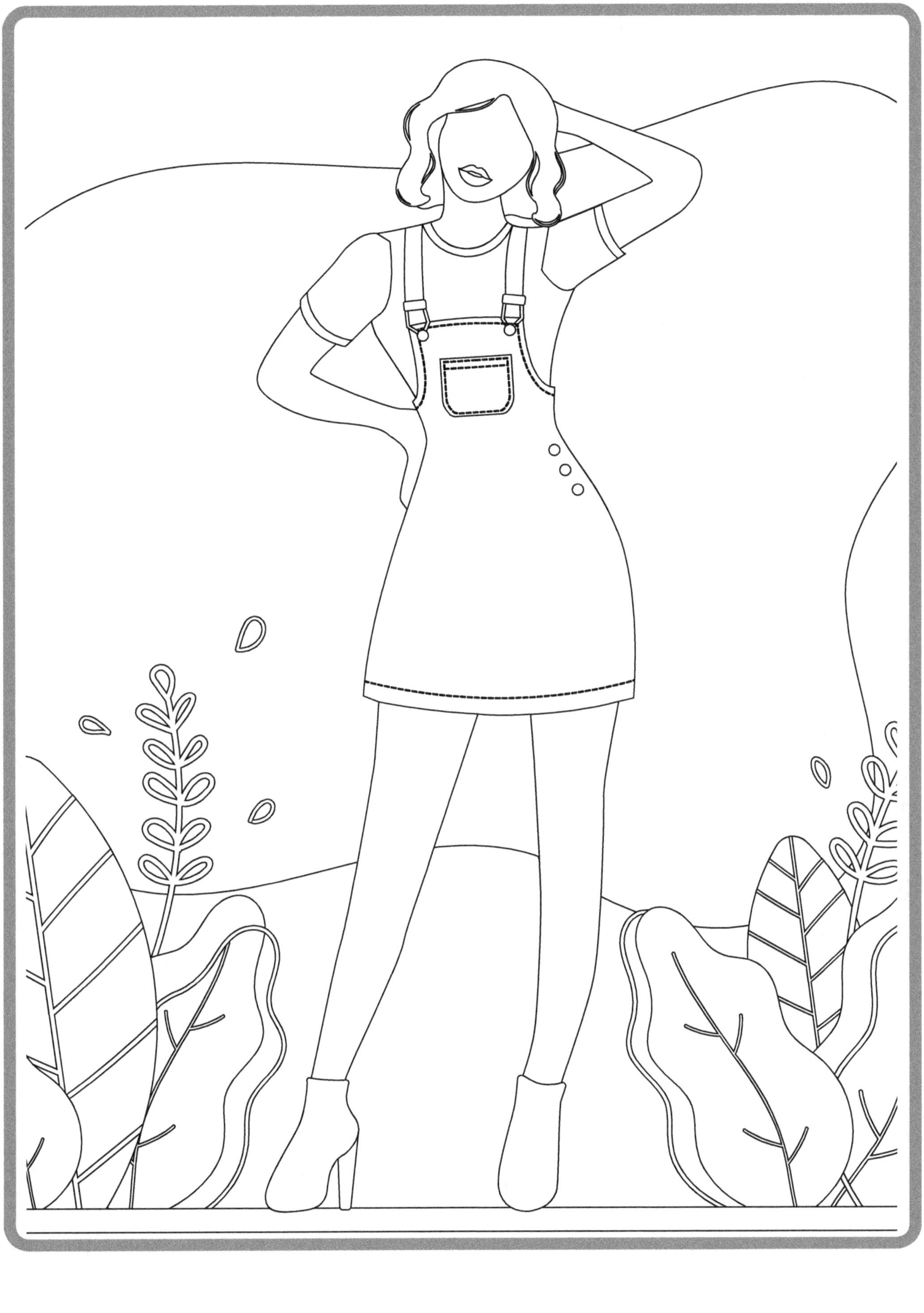

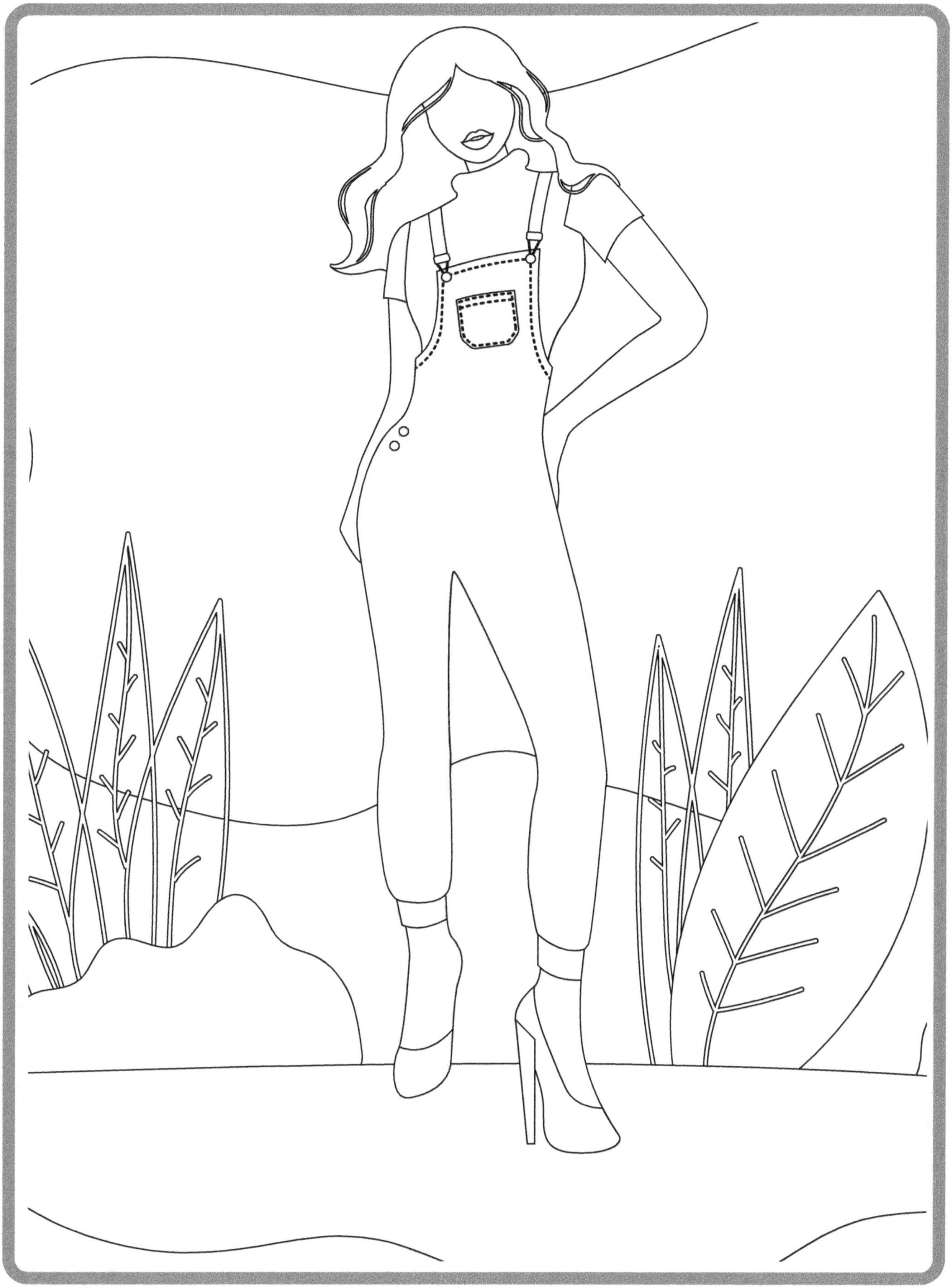

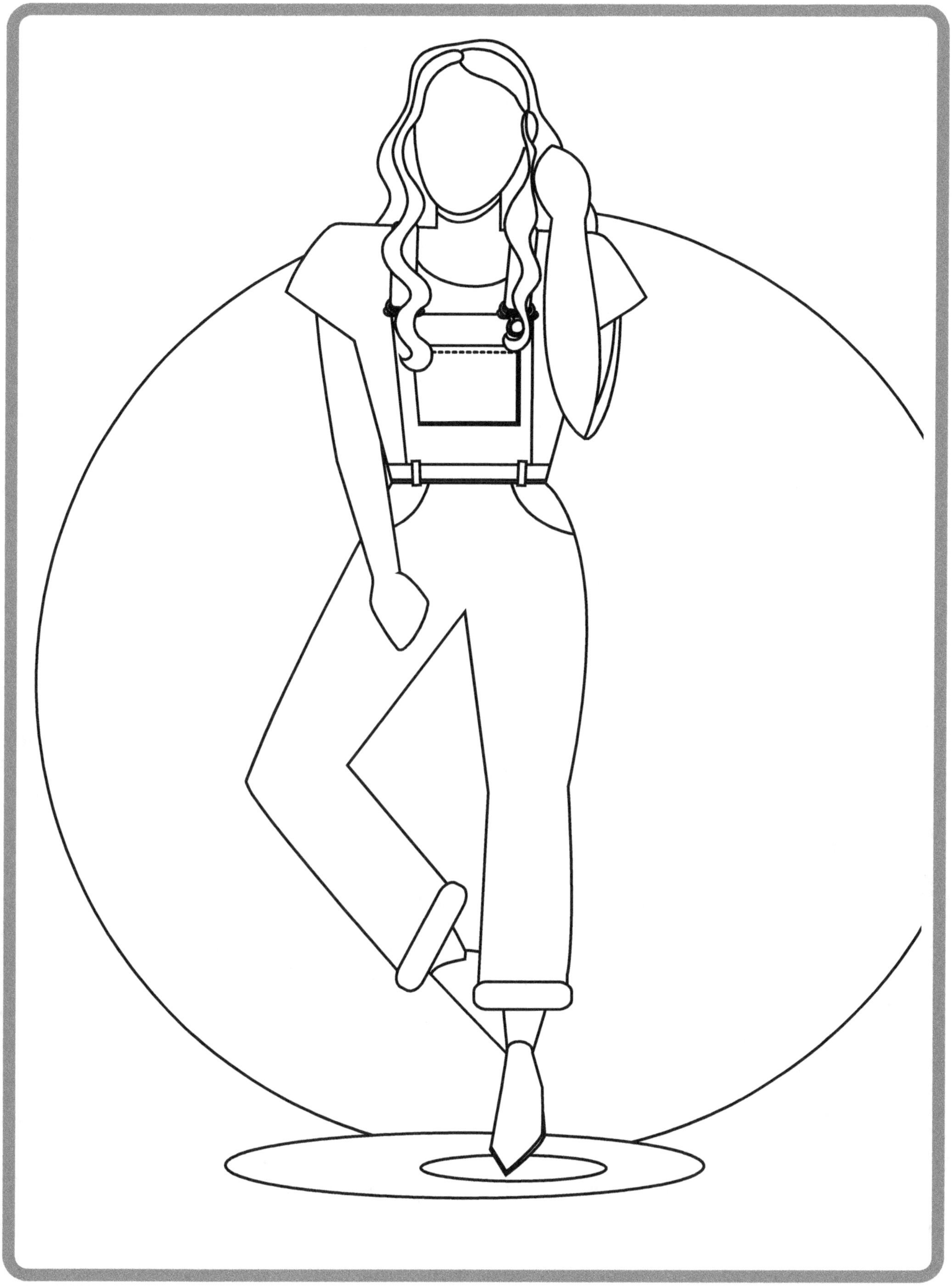

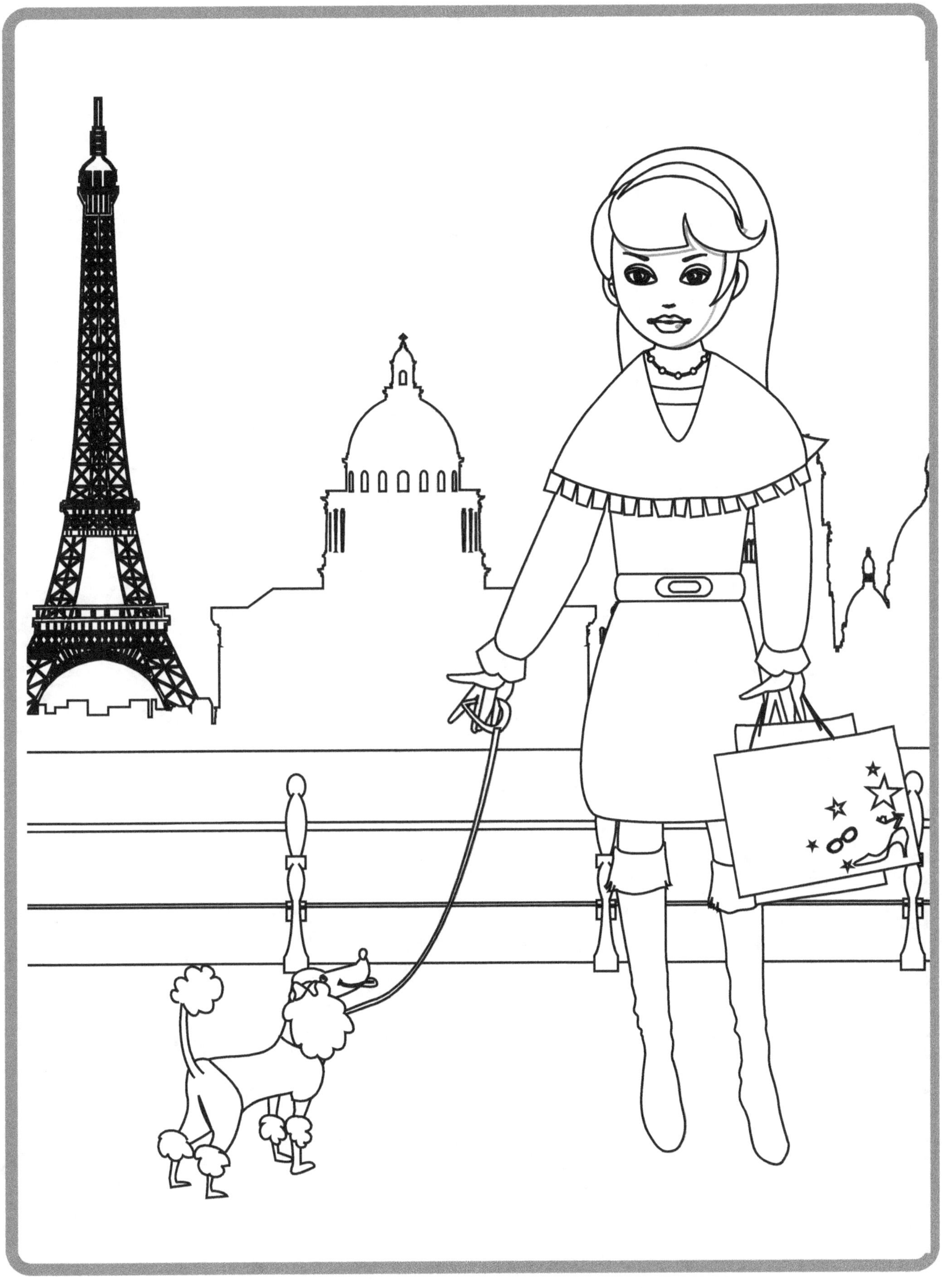

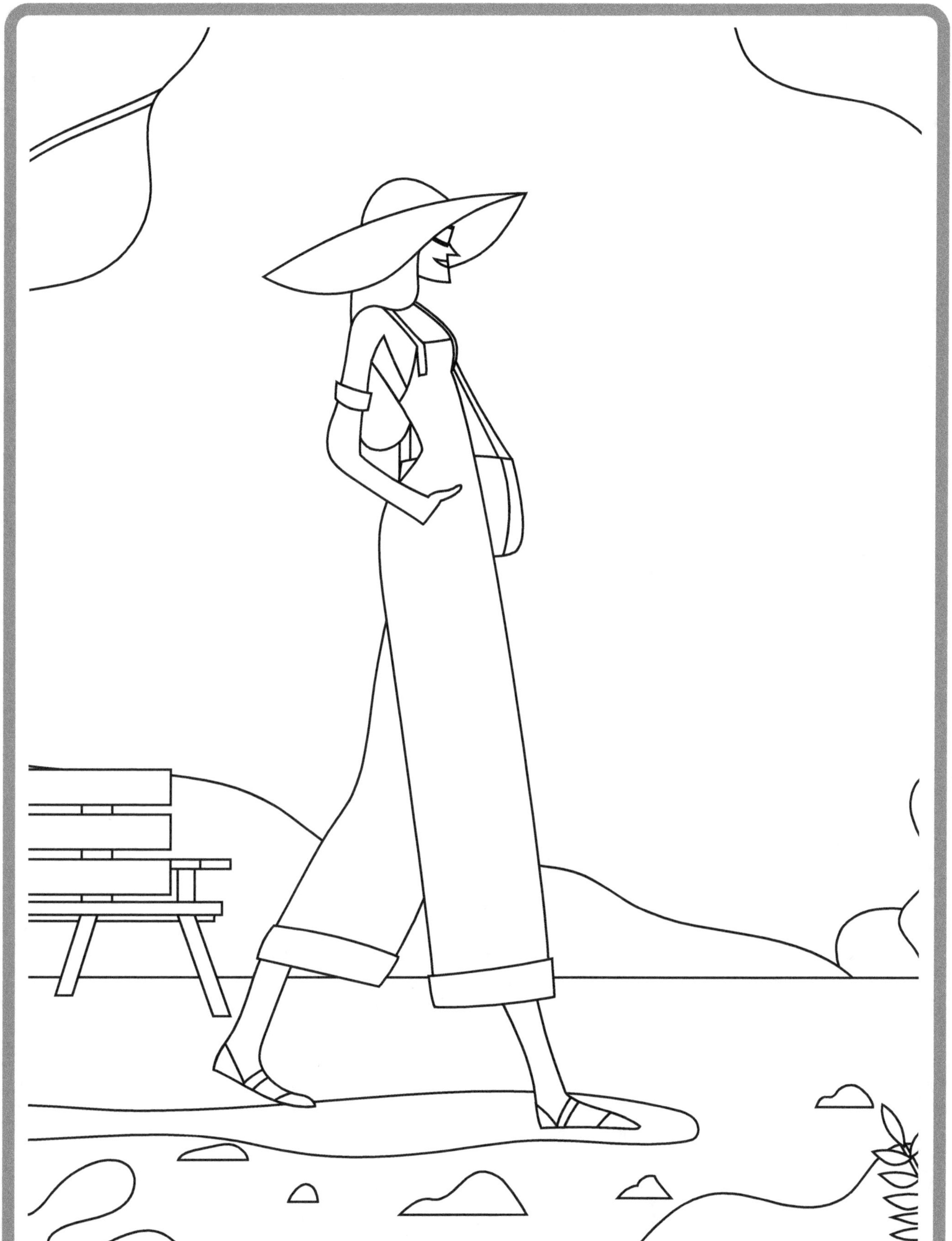

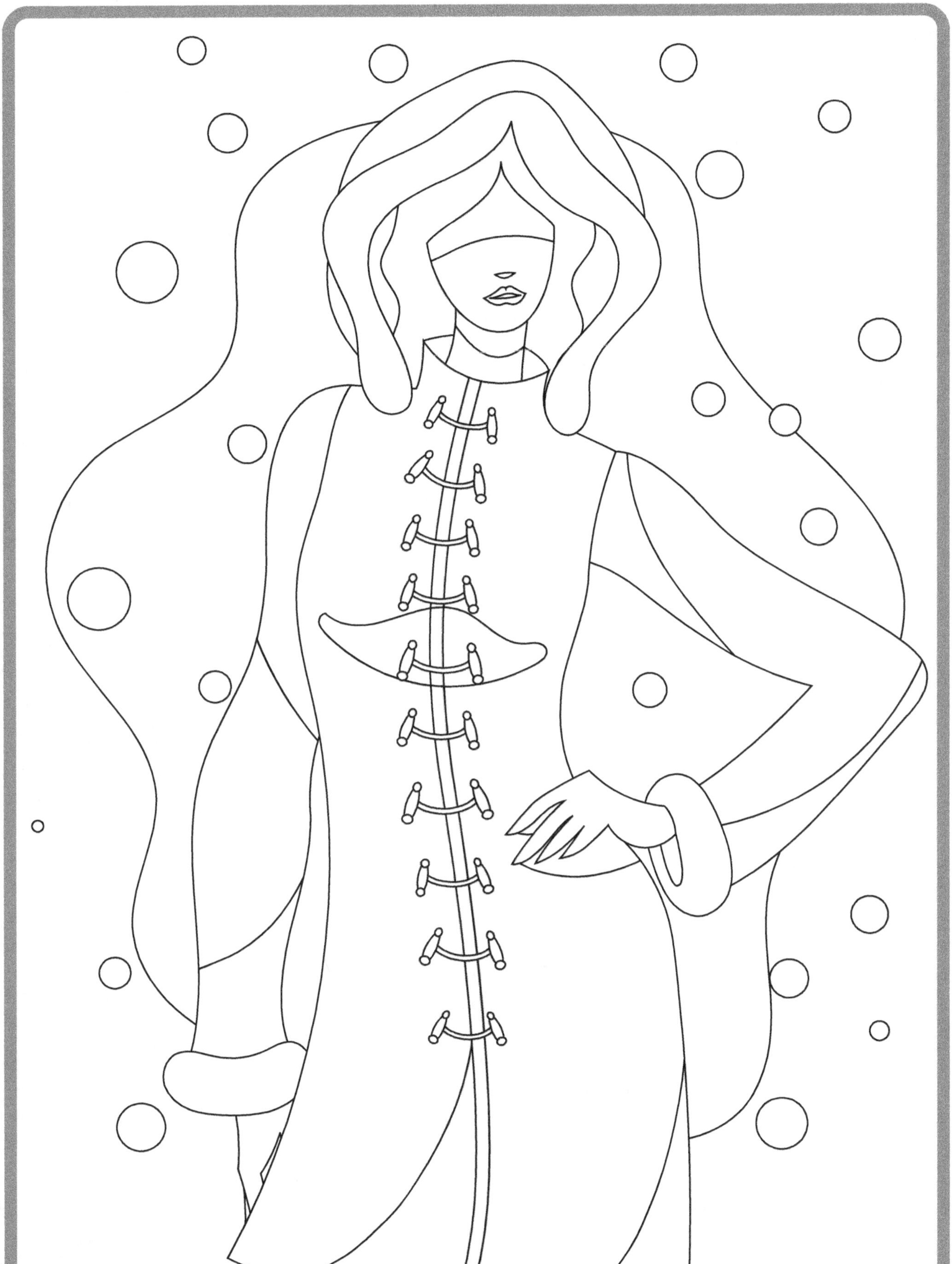

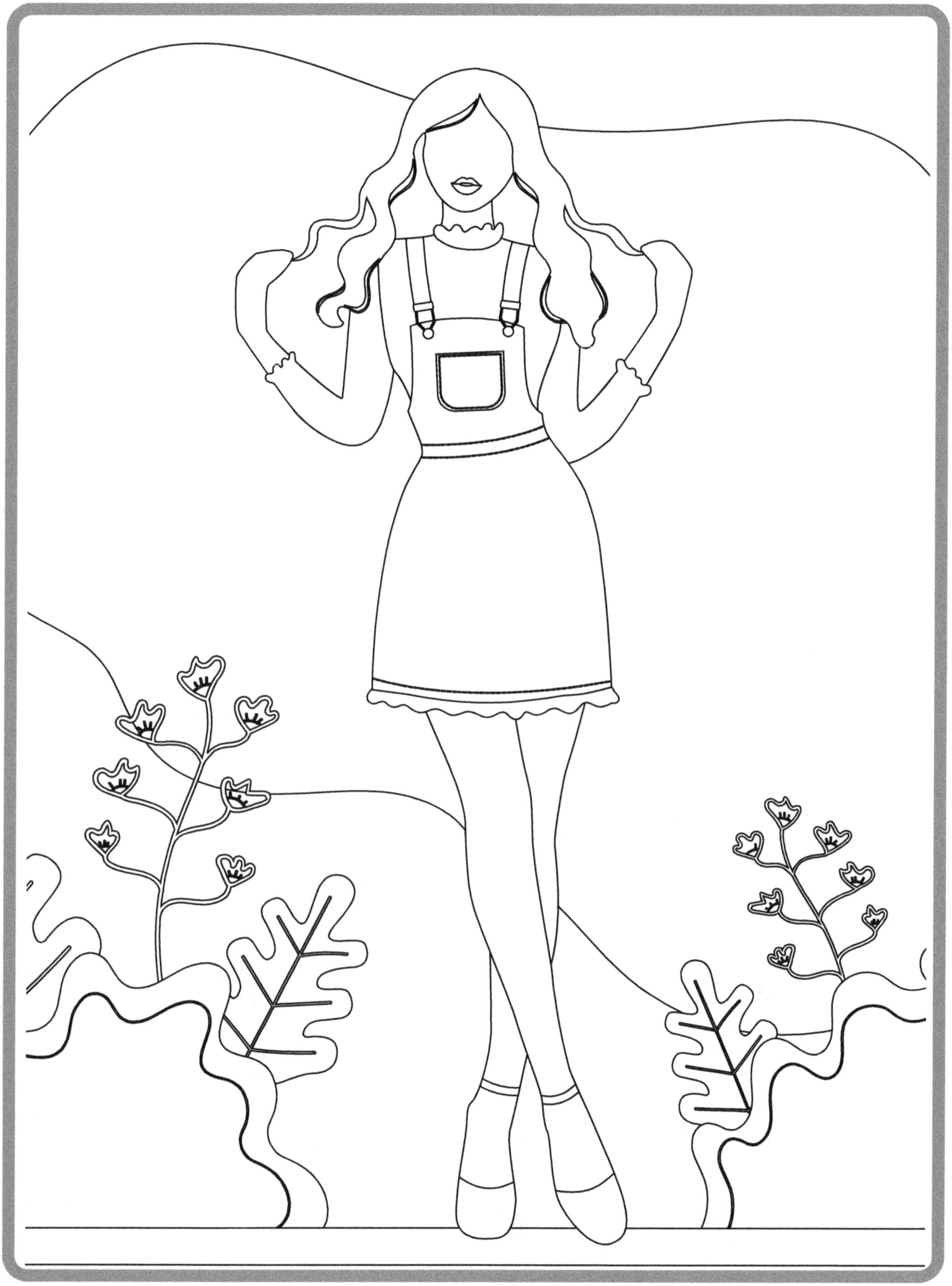

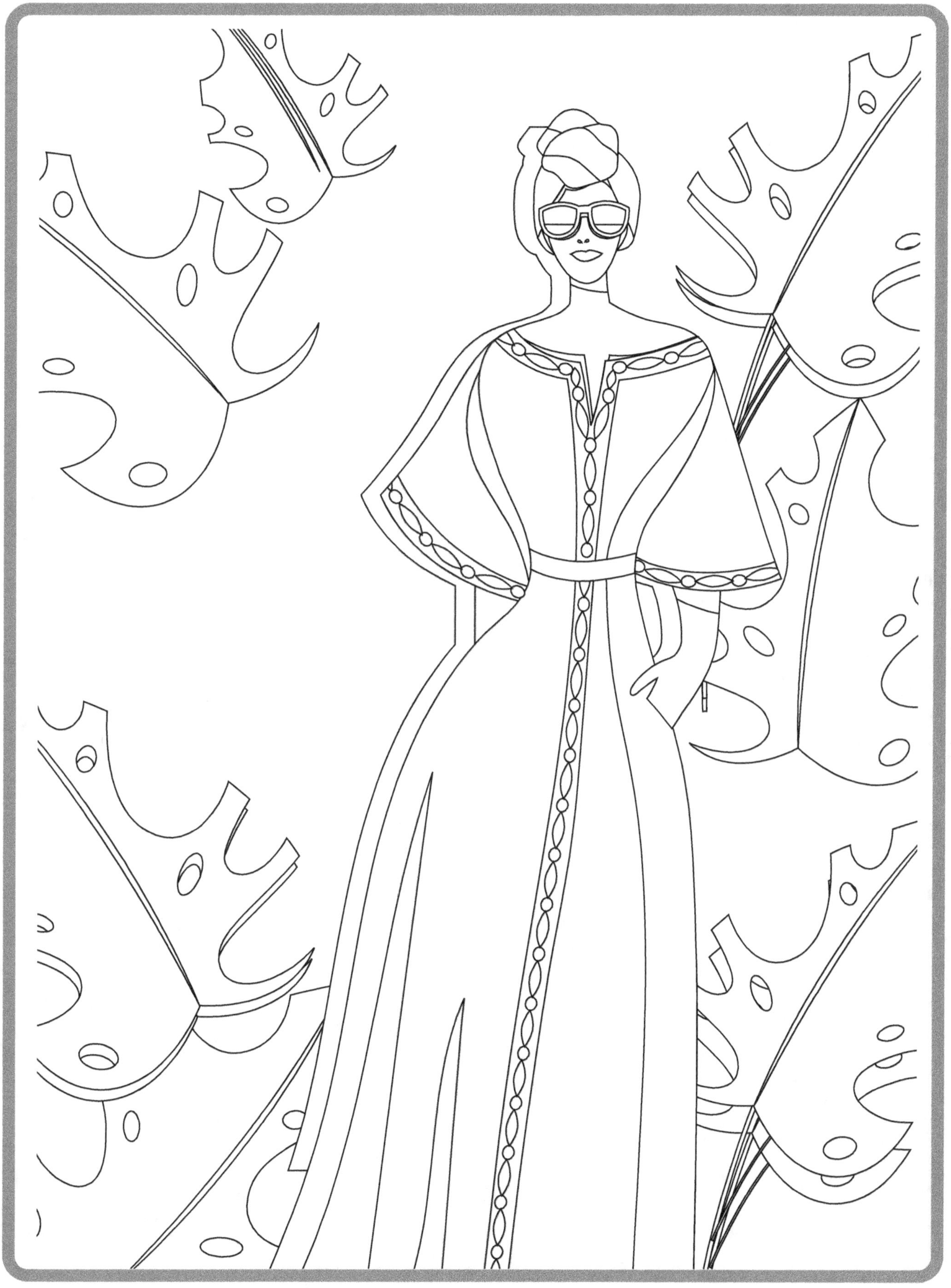

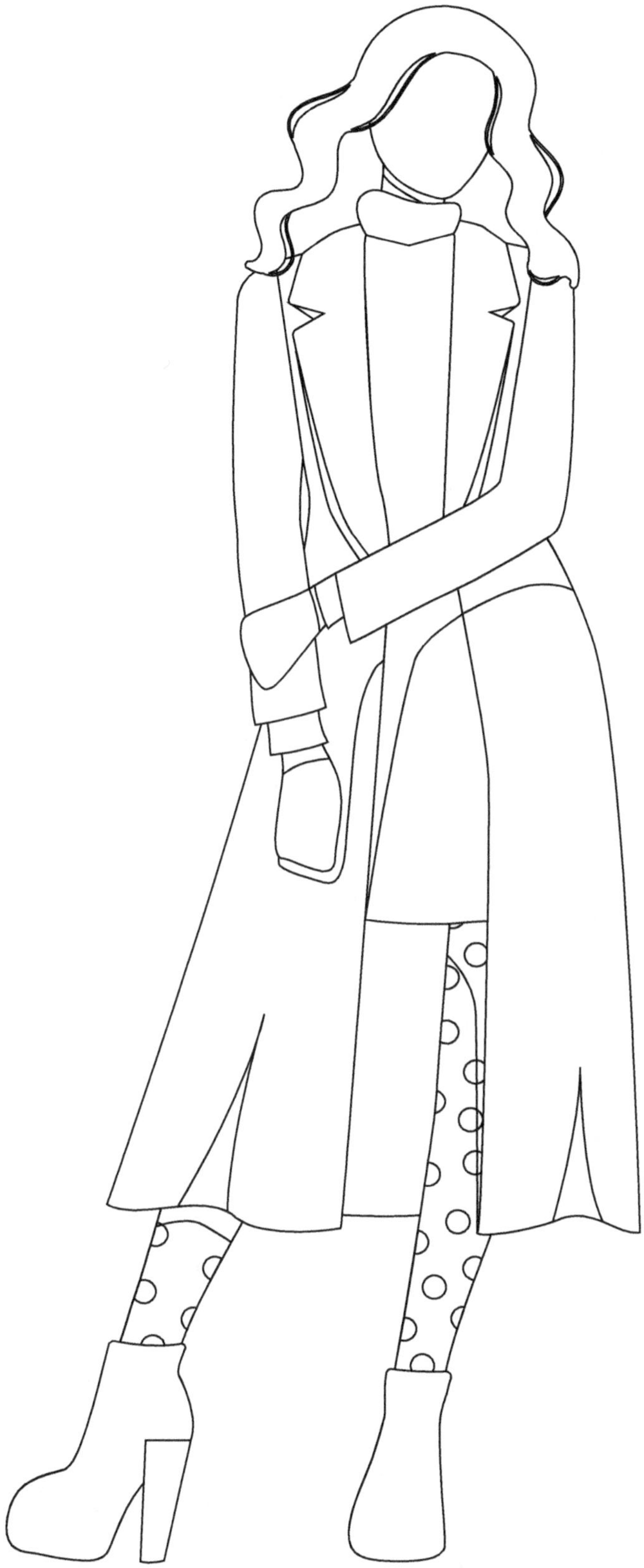

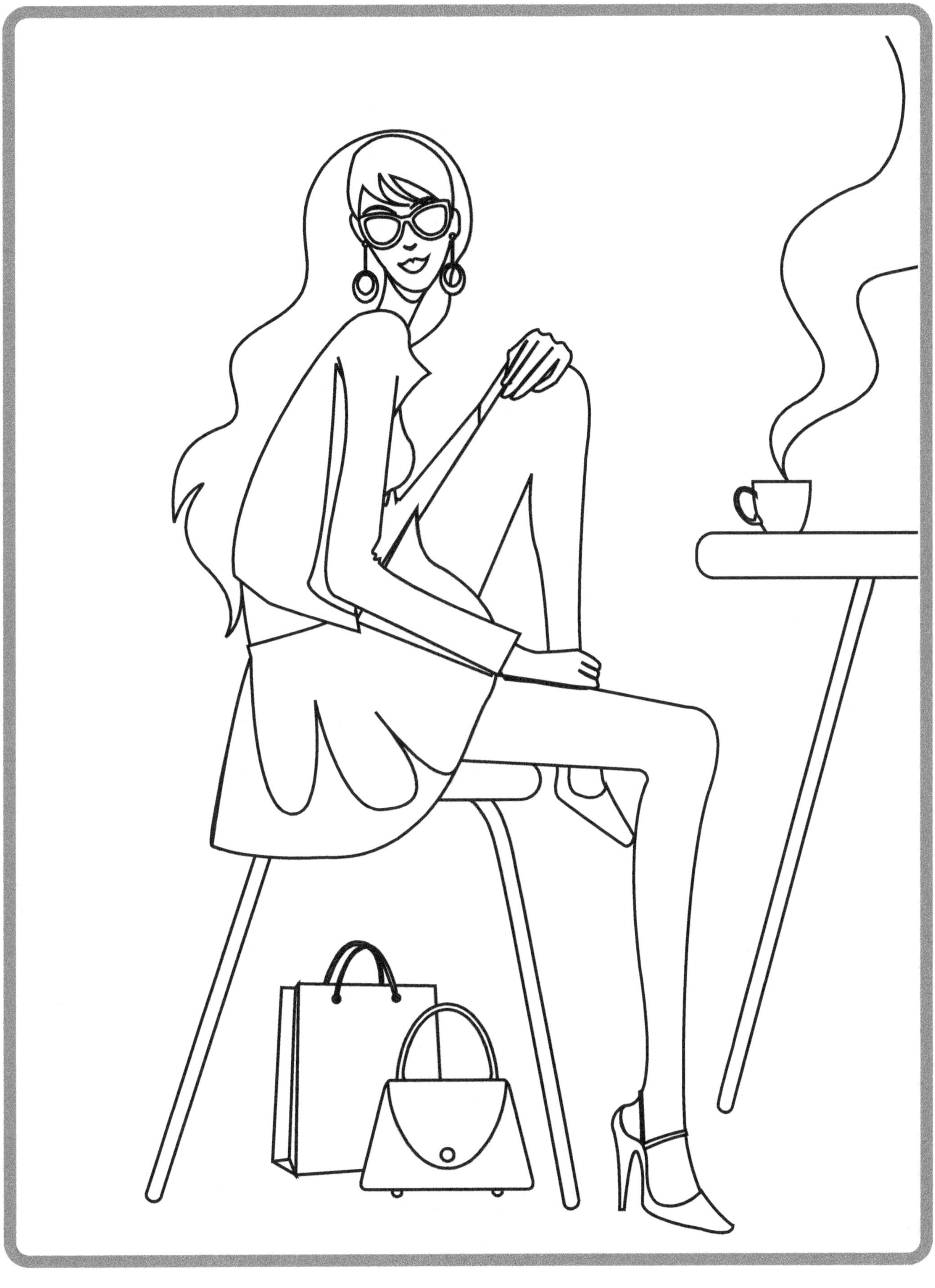

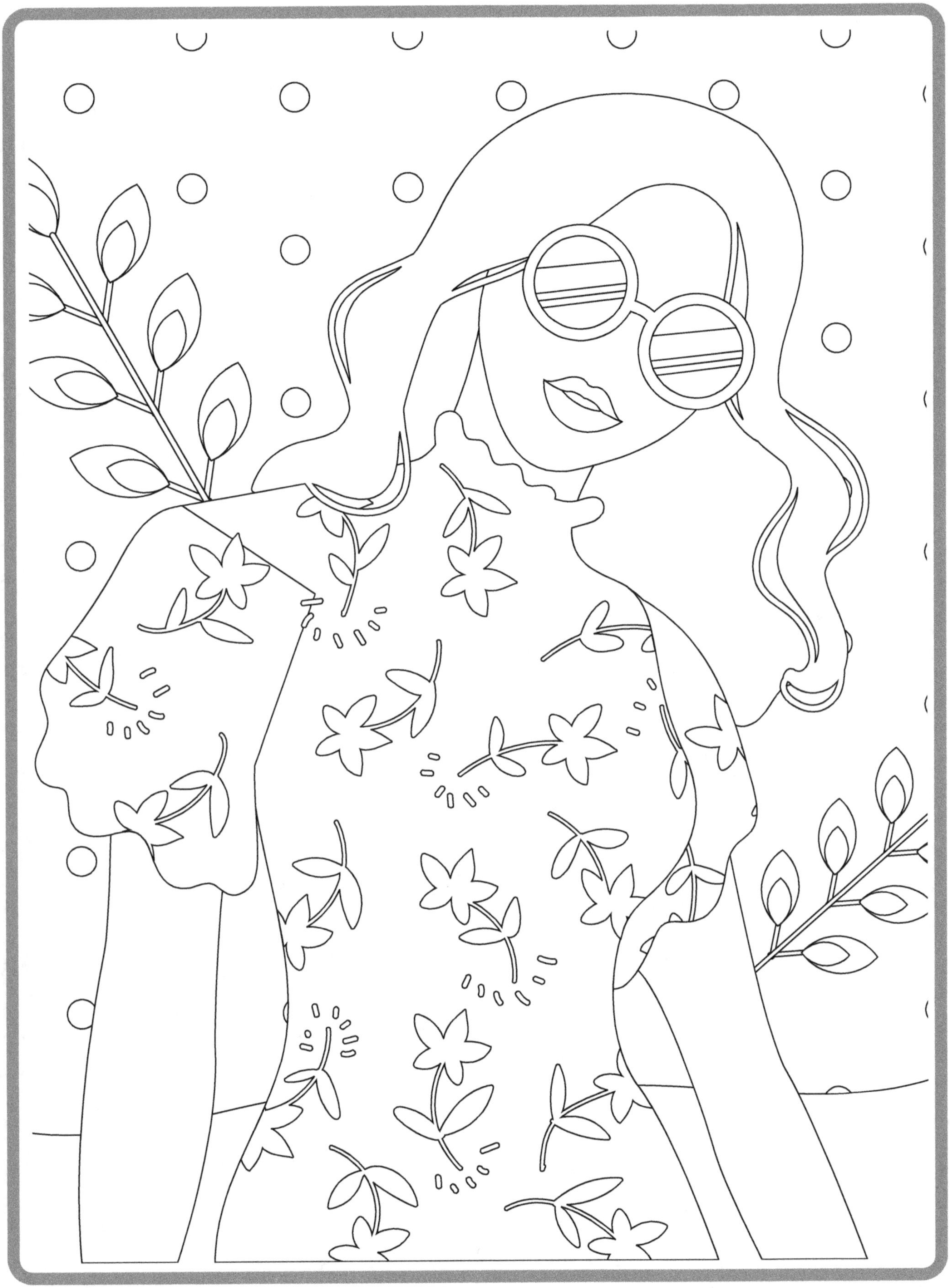

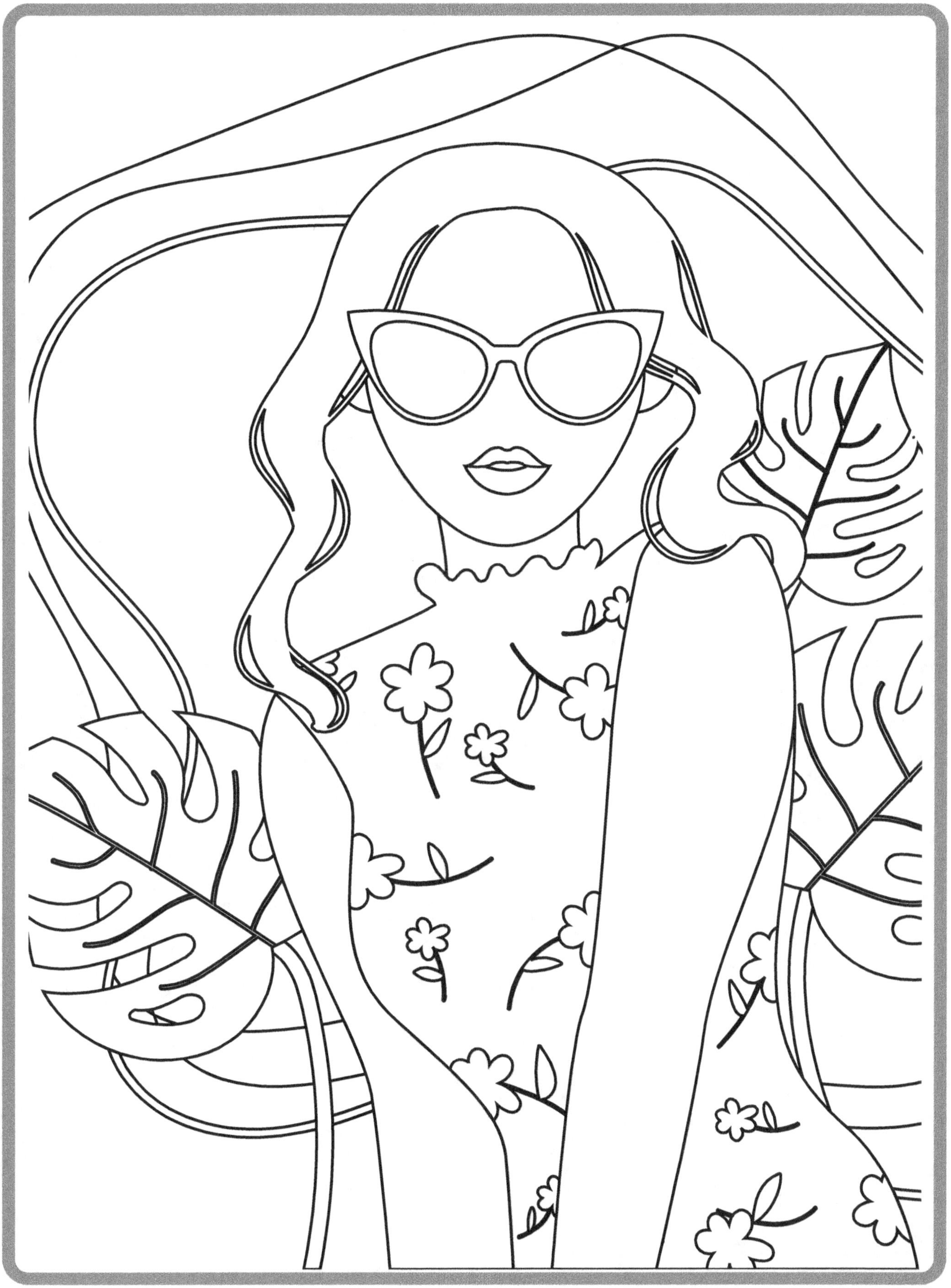

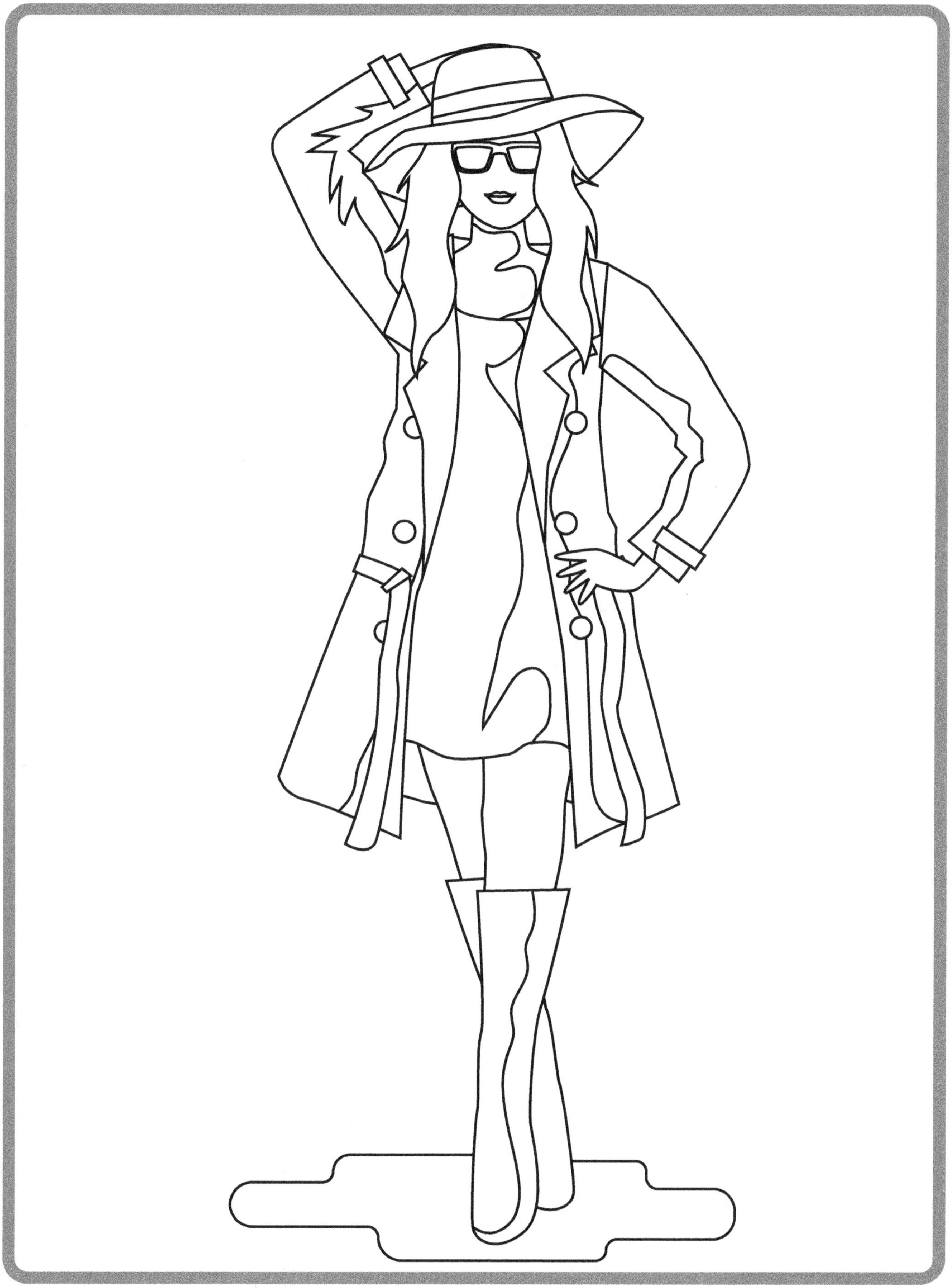

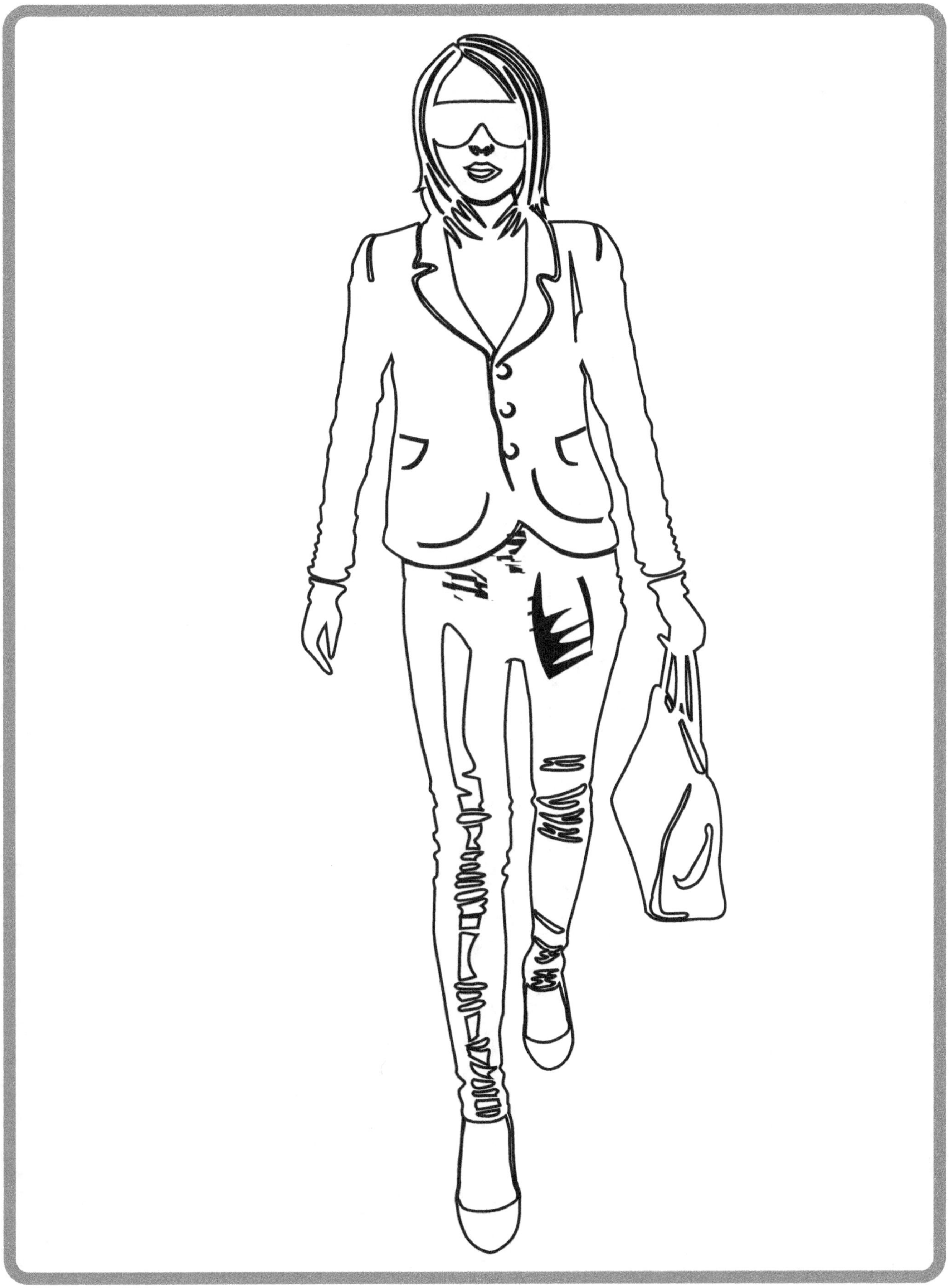

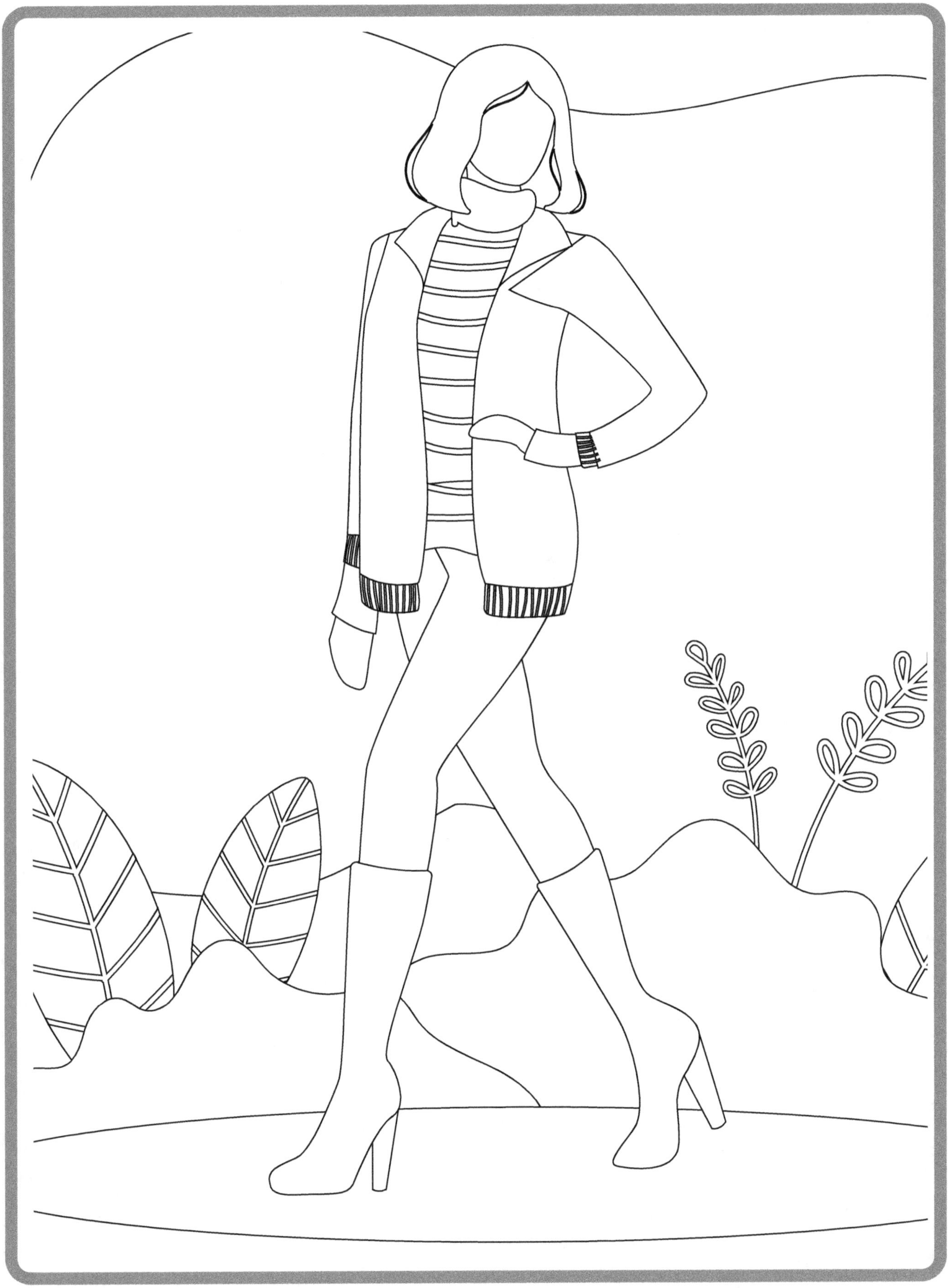

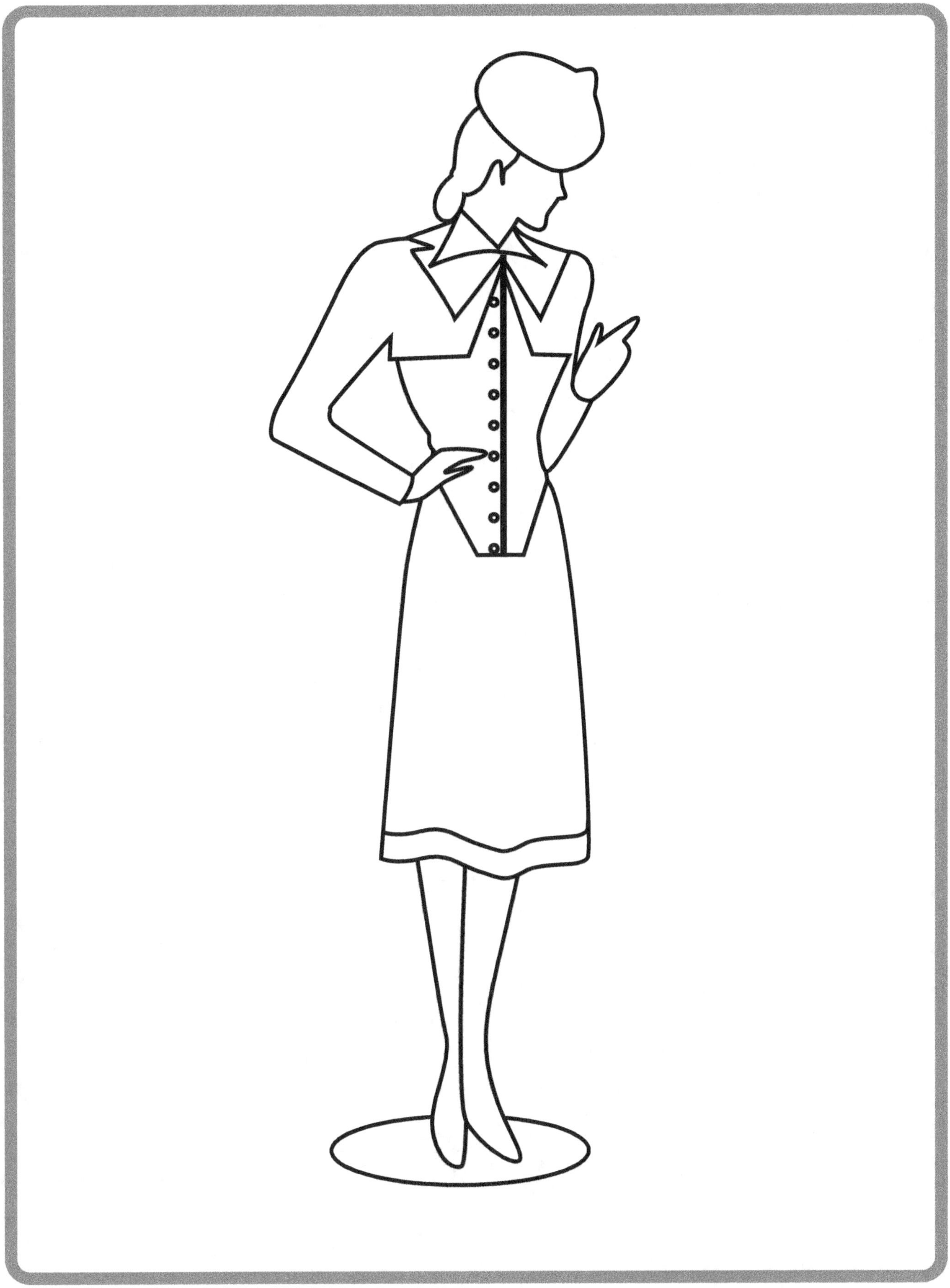

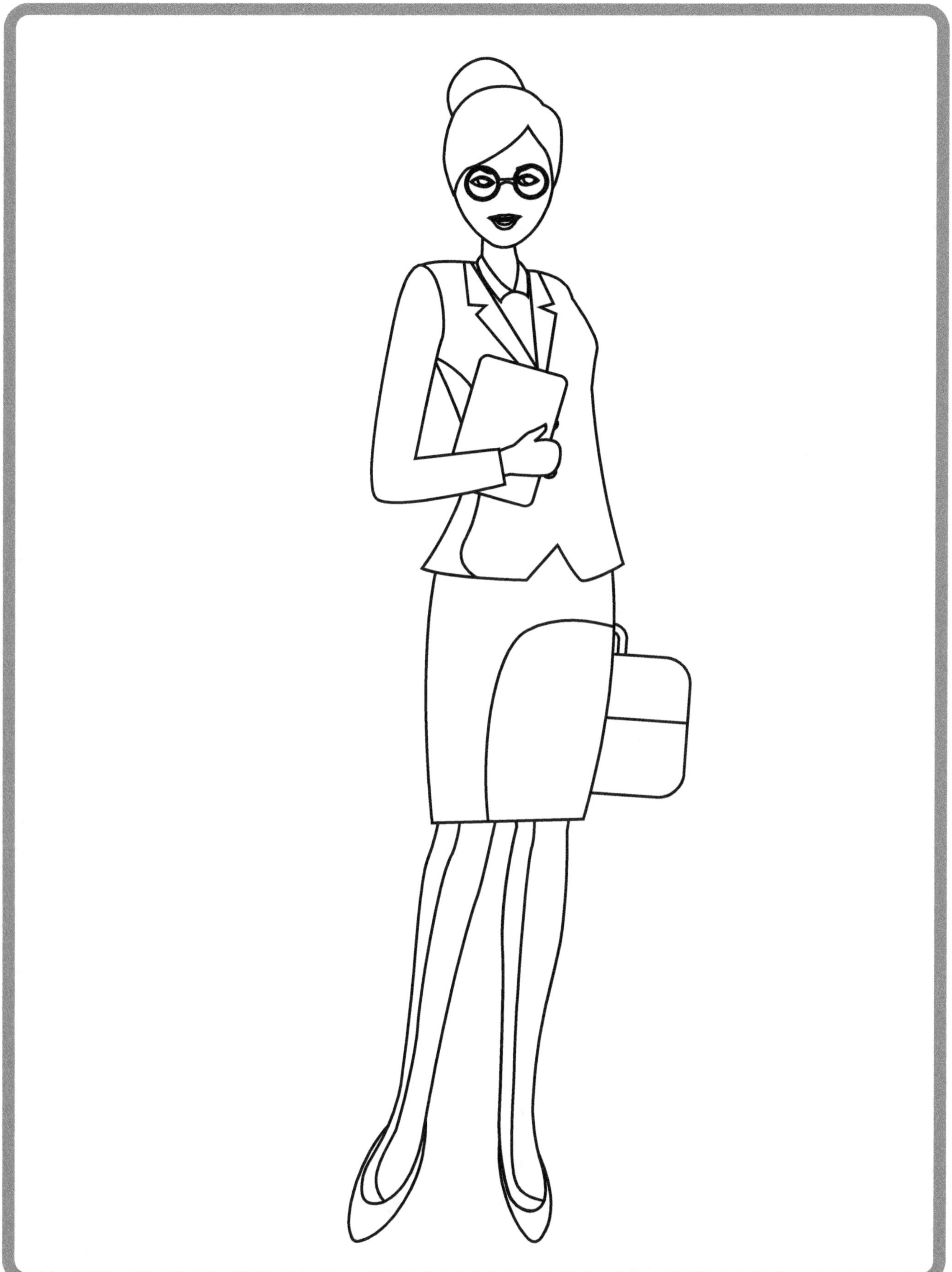

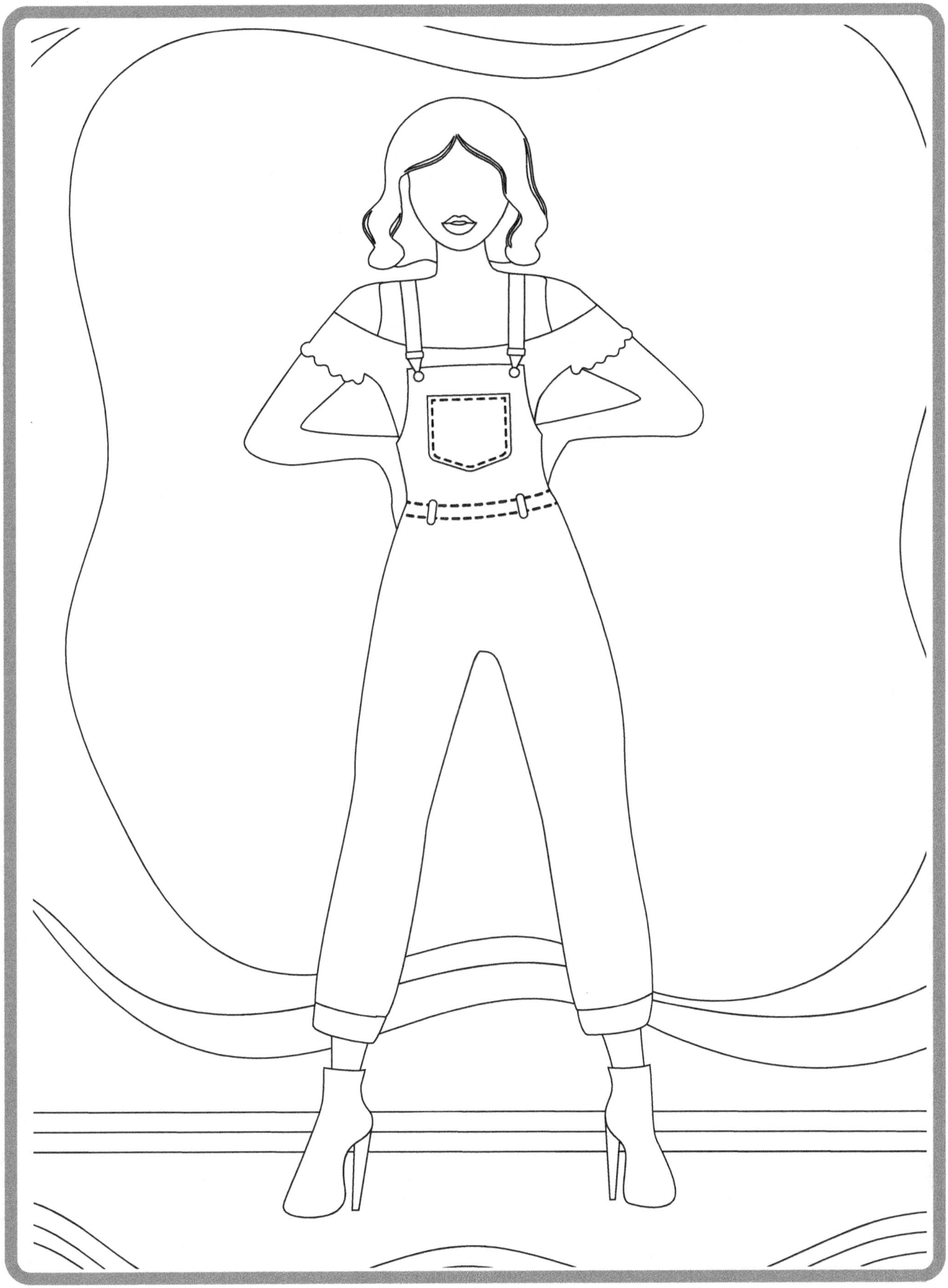

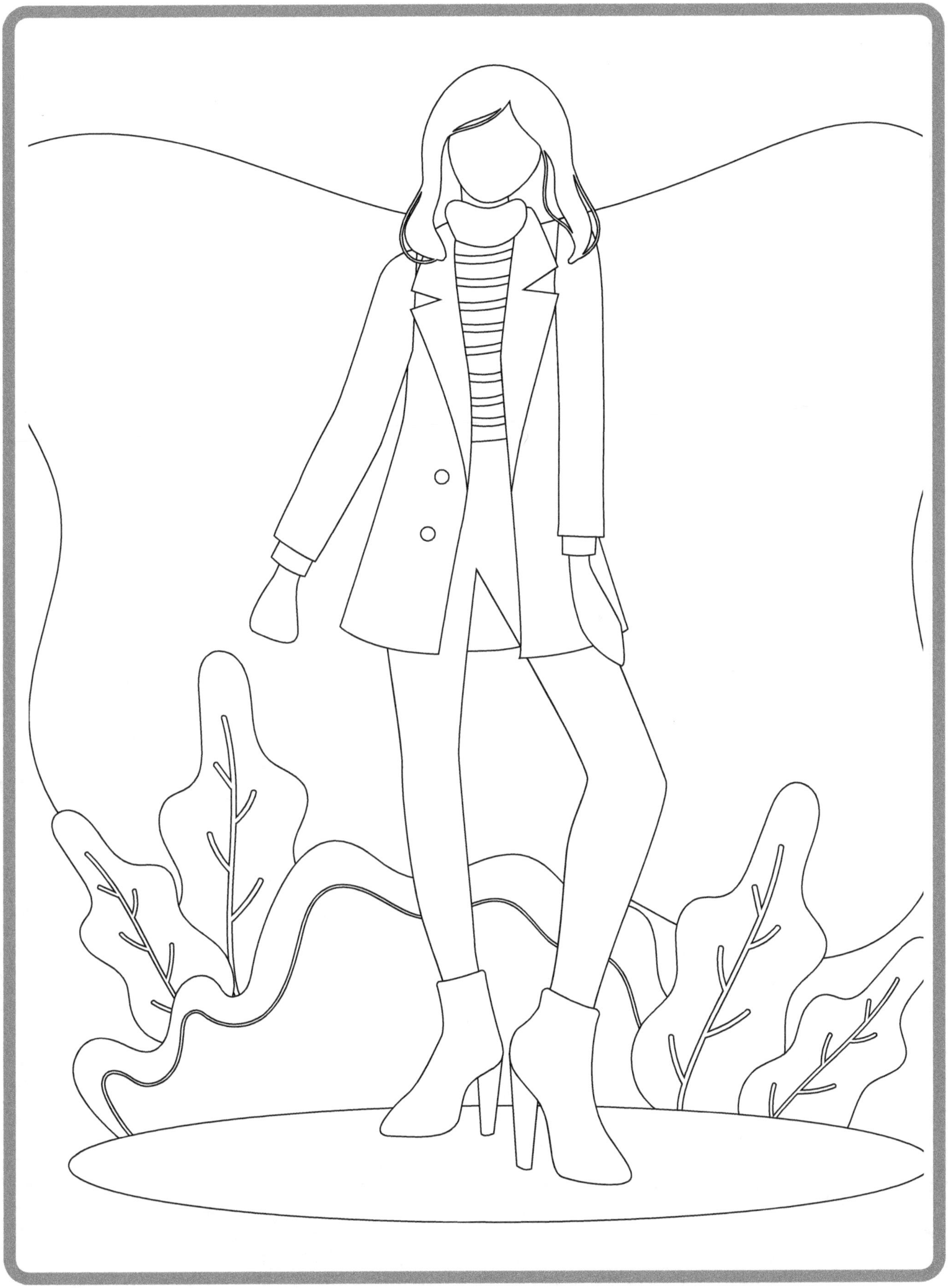

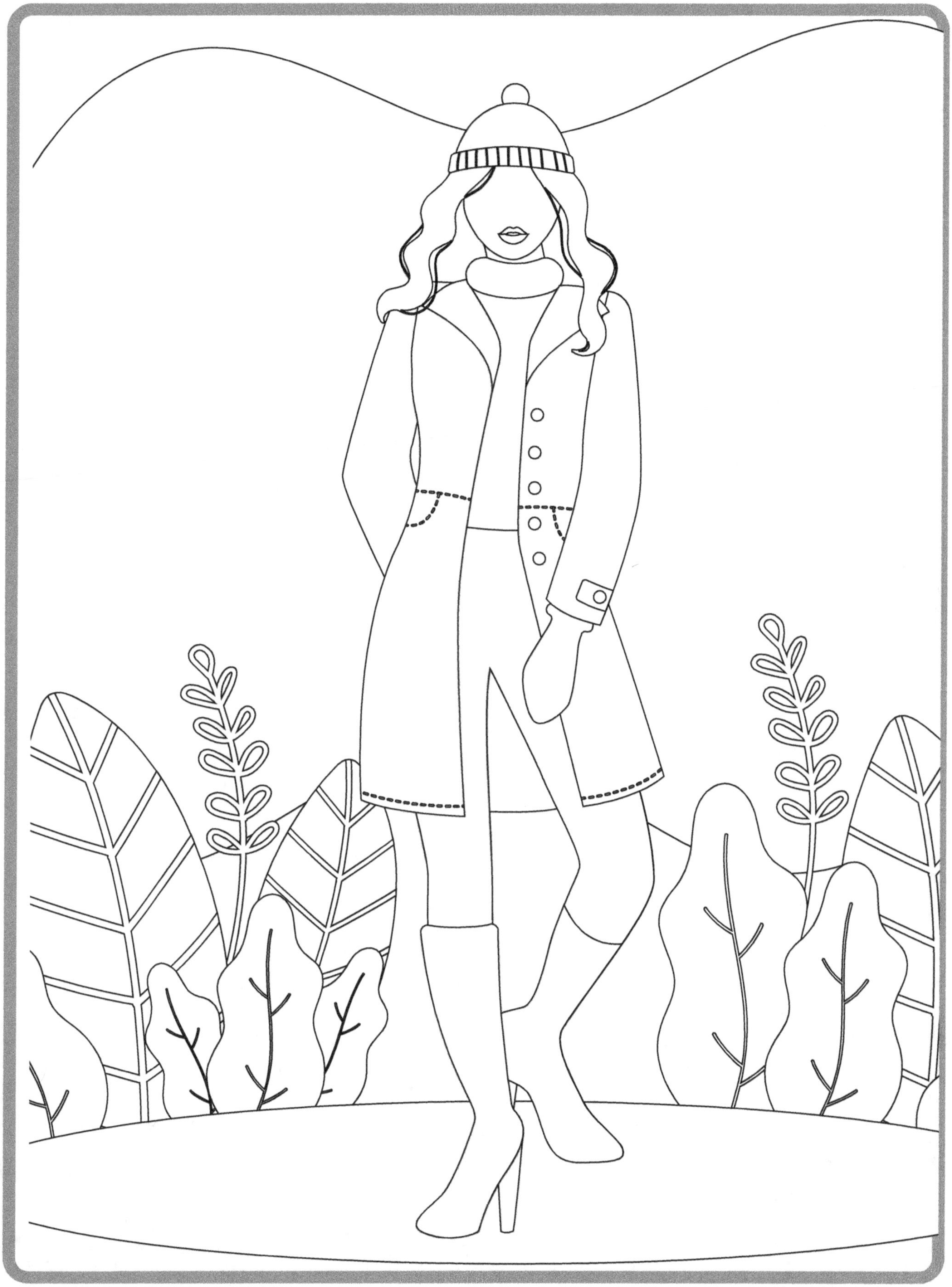

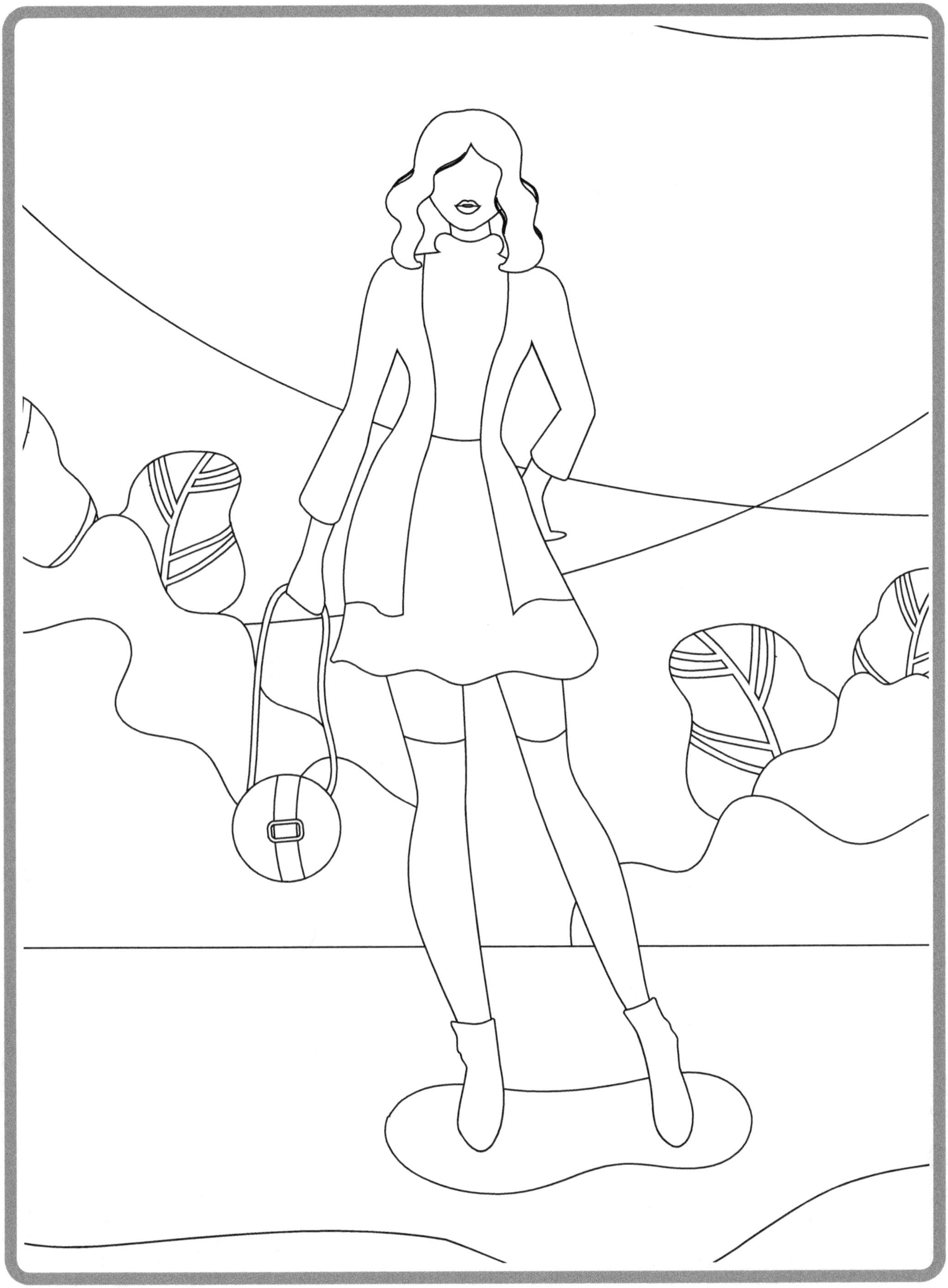

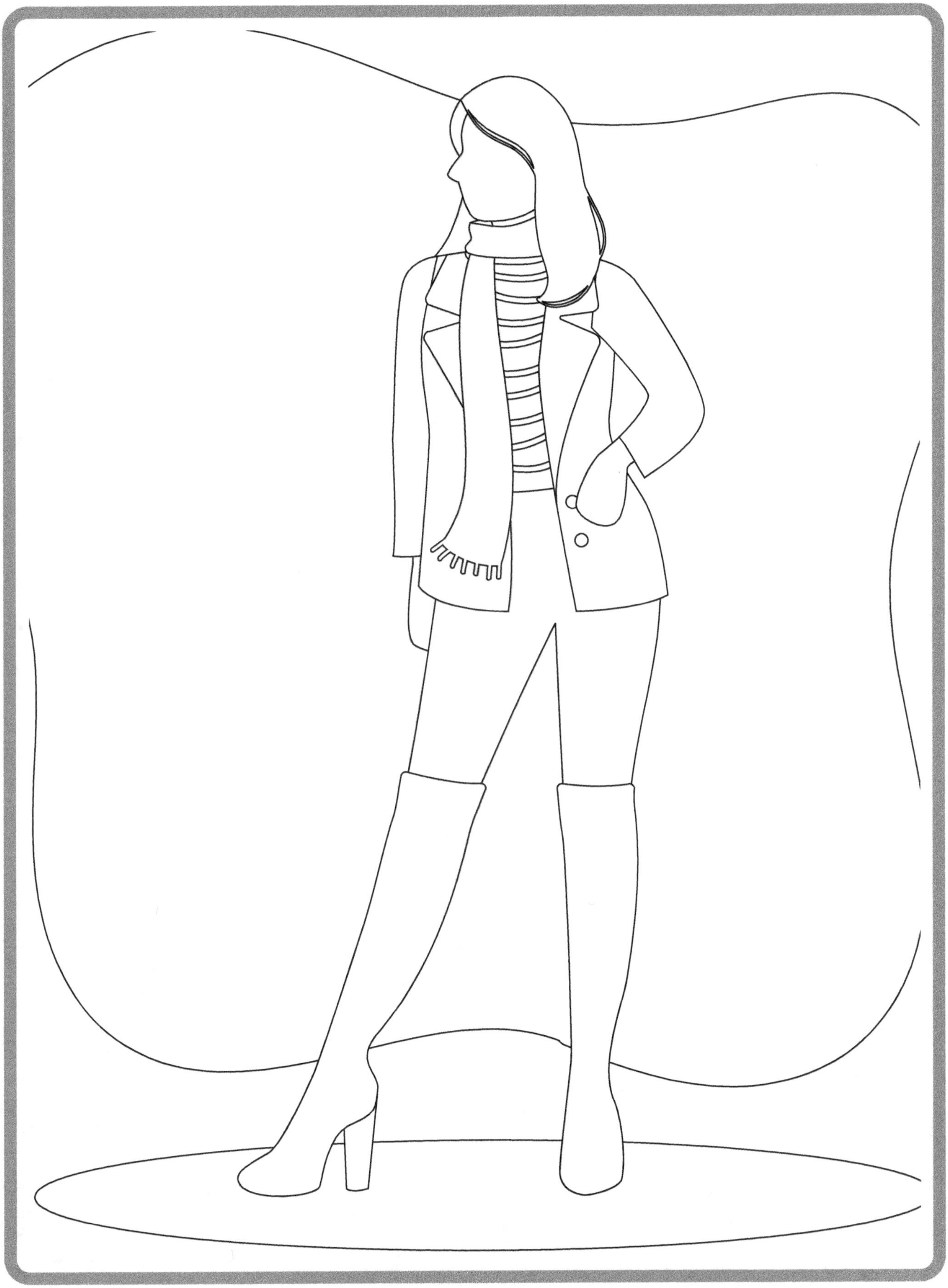

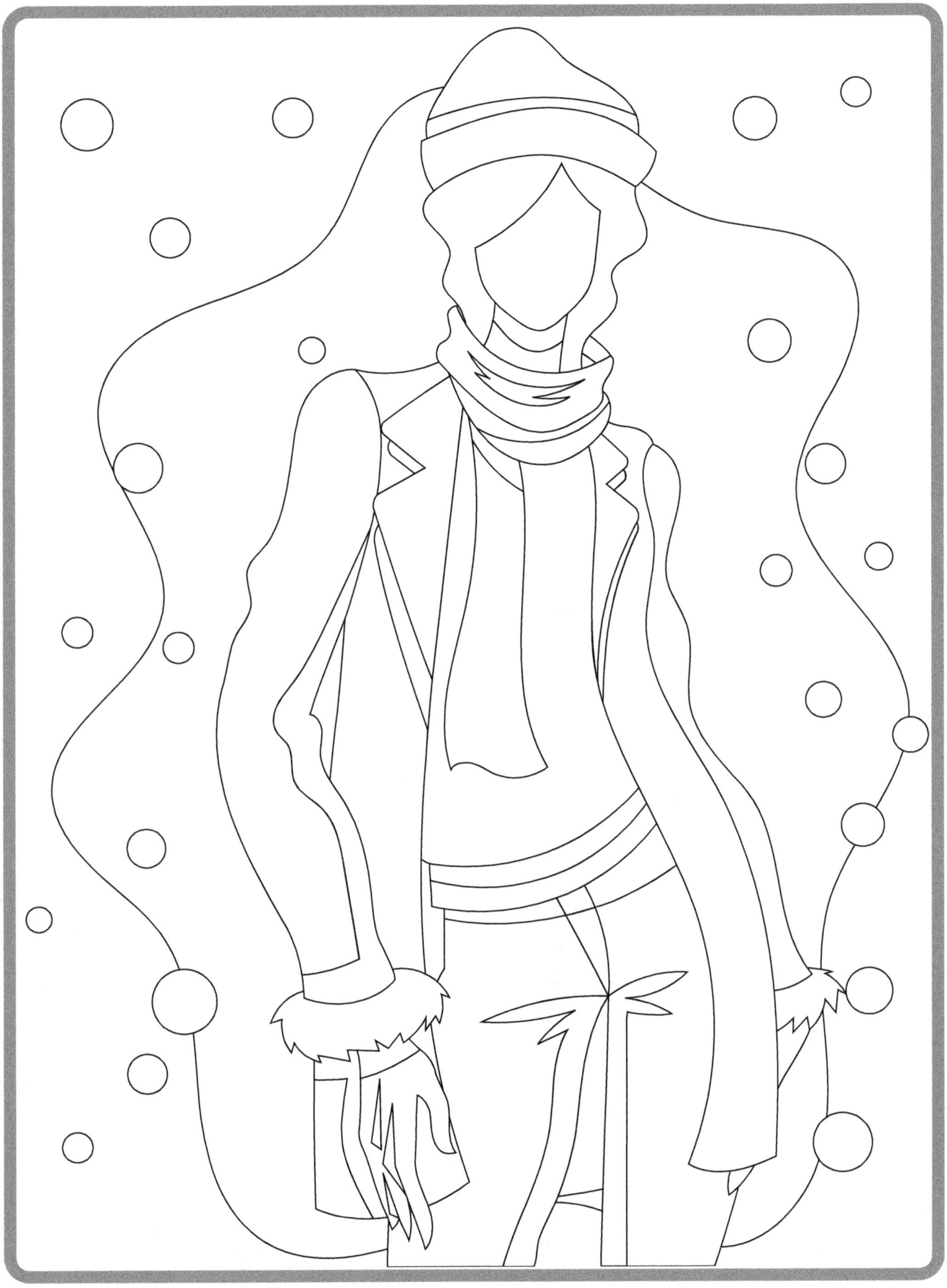

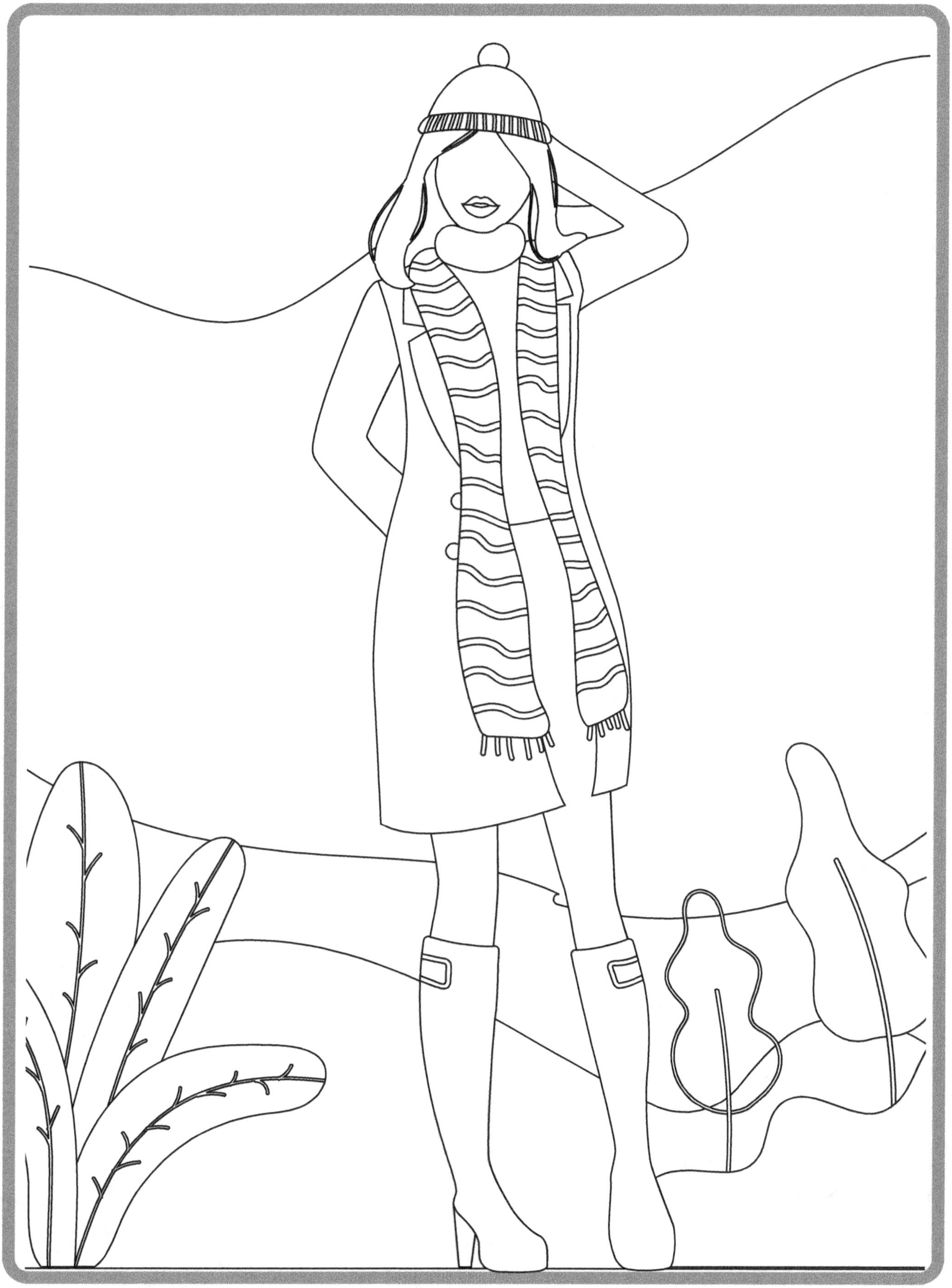

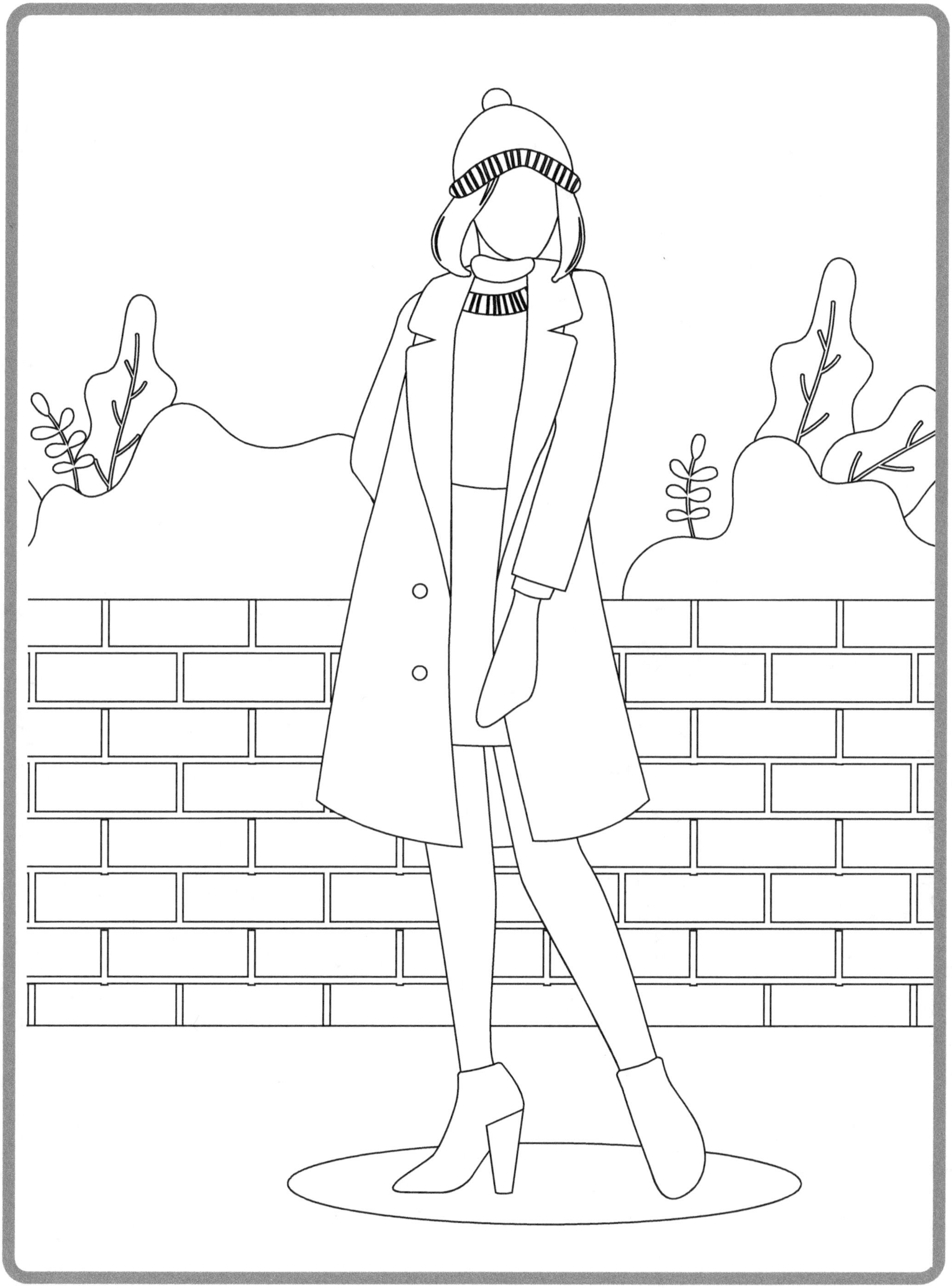

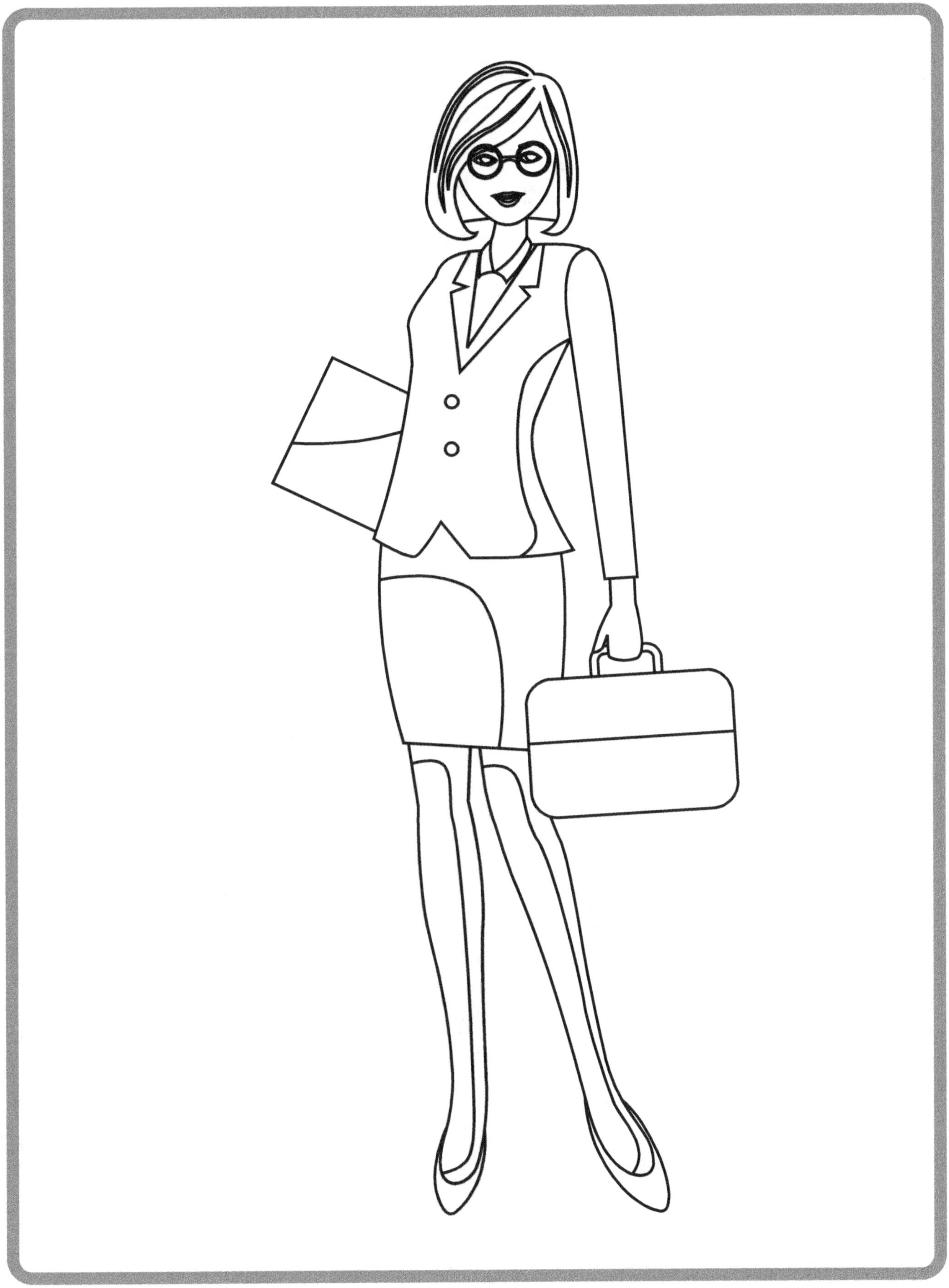

www.ingramcontent.com/pod-product-compliance
Lightning Source LLC
Chambersburg PA
CBHW081319250726
48662CB00008B/2650
* 9 7 9 8 6 5 4 4 0 3 8 4 1 *